Wanderer zwischen den Welten

Tagebuch einer spirituellen Reise zum Annapurna-Heiligtum in Nepal

Wanderer zwischen den Welten

Tagebuch einer spirituellen Reise zum Annapurna-Heiligtum in Nepal

Ferdinand Ledwig

Ein Buch aus dem WAGNER VERLAG

Lektorat: Petra Schmidt, Bad Hersfeld
Umschlaggestaltung: www.boehm-design.de

1. Auflage

ISBN: 978-3-86683-258-9

Bibliografische Information der Deutschen Bibliothek
Die Deutsche Bibliothek verzeichnet diese Publikation in der Deutschen Nationalbibliografie; detaillierte bibliografische Daten sind im Internet über http://dnb.ddb.de abrufbar.

Druck: dbusiness.de gmbh · 10409 Berlin

Inhalt

Wahres Wissen bedeutet Macht,

aber nicht über andere,

sondern über sein Selbst und letztendlich über den Daseinskreislauf

Vorwort

Dieses Buch hat eine kleine Vorgeschichte, die ich erzählen möchte:
Vor einigen Jahren lernte ich nach einem meiner musikalischen Vorträge die Klangschalentherapeutin und Heilpädagogin Sonja Hübner kennen. Wir schlossen Freundschaft und immer wenn ich eine Möglichkeit sah, bei Sonja im Westerwald vorbei zu schauen, „spielte sie mir eine Klangschale".
Sonja Hübner praktizierte die Methode nach Peter Hess, der sich beim Ausarbeiten seiner Spieltechnik am Lebensbaum der Kabbala orientiert hatte. Dabei werden Klangschalen nach einem bestimmten Muster auf den liegenden Körper aufgelegt und drum herum gestellt. Zu den Klangschalen schlägt man Gongs, Zimbeln und andere Instrumente an. Manche der Therapeuten sprechen auch Gebete und legen ihre heilenden Hände auf.
Ich kam aber nicht wegen irgendwelcher Krankheiten zu Sonja, sondern weil mir das Bad in den Klängen einfach nur gut tat. Nach jeder Klangbehandlung fühlte ich mich energetisch aufgeladen.
Der Faszination der Klangschalen erlegen, schaffte ich mir nach und nach selbst ein kleines Sortiment tibetischer Herkunft an.
Ich experimentierte mit den Klangschalen und versuchte, sie zur Anregung der Chakras vor und während der Meditation einzusetzen. Die Ergebnisse waren jedoch nicht zufrieden stellend. Dann hörte ich von den legendären, aber selten existierenden Planetenschalen, die nach einer besonderen Methode hergestellt werden und denen eine Zuordnung zu den Chakras nachgesagt wird. Sie sollen im Frequenzbereich der im Altertum bekannten Planeten Sonne, Mond, Merkur, Venus, Mars, Jupiter und Saturn schwingen und aus den sieben Metallen Gold, Silber, Eisen, Quecksilber, Zinn, Kupfer und Blei angefertigt sein.

Ich fand einen einheimischen Lieferanten, der mir versicherte, die gesuchten Planetenschalen über Umwege besorgen zu können, doch die mir angebotenen Exemplare waren nicht so beschaffen, wie ich es mir vorgestellt hatte. Nach einem Test und einer Frequenzmessung schlug ich das Angebot aus.
Fortan befasste ich mich mehr mit Theorie, Ursprung und Herkunft der Klangschalen und ließ meine Experimente derweil in den Hintergrund treten.
Ich brachte in Erfahrung, dass die Planetenschalen früher von Nomaden im Himalaya hergestellt und an buddhistische Klöster verkauft wurden. Die Klangschalenschmiede sollen sich in den Tälern Tibets und Nepals niedergelassen haben, wo sie nun als Sesshafte ihre Waren und Dienstleistungen anbieten.
Ich machte mich bei meinen Recherchen auch mit der Mythologie himalayischer Bergvölker vertraut und fand heraus, dass die Klangschale schon vor tausenden von Jahren in der Kultur dieser Völker ein Symbol der großen Muttergöttin Annapurna war, die als die Gebärende und Nährende aller irdischen Wesen verehrt wurde. Grabfunde anthropomorpher Figuren belegen die Jahrtausende alte Verehrung von Muttergottheiten.
Ich kam bei meinen Nachforschungen ebenso mit der Harmonielehre des großen Eingeweihten Pythagoras (ca. 570 – 480 v. Chr.) in Berührung. Er soll mit *seltsamen Klängen* Kranke geheilt und mit Hilfe des Monochords* seinen Schülern die Welt und den Kosmos erklärt haben. Auf seinen Reisen kam Pythagoras nach Ägypten, Thrakien und Babylonien und der Legende nach in das Land der Hyperboreer.

* Ein einfaches Instrument, mit einer oder mehreren Saiten in gleicher Stimmung (klingt „monoton"). Pythagoras entdeckte, dass die Intervalle der Tonleiter den Verhältnissen der Längen schwingender Saiten entsprechen und durch rationale Zahlenverhältnisse ausgedrückt werden können. Durch Teilen einer Saite bekomme ich unendlich viele Töne, jedoch sind für unser musikalisches Harmonieverständnis die 7 Töne der diatonischen bzw. die 12 Töne der chromatischen Tonleiter von entscheidender Bedeutung.

Leider hat Pythagoras selbst nichts aufgeschrieben, seine Lehren wurden erst viele Jahre nach seinem Tod von seinen Schülern weitergegeben. Von griechischen Philosophen wie Platon, Philolaos oder Empedokles erfahren wir, wie Pythagoras gedacht haben und was der Kern seiner Lehre gewesen sein könnte. Es ergibt sich aus den Überlieferungen der griechischen Antike aber kein einheitliches Bild.

Es genügte mir nicht, nur hier nach den Ursprüngen der pythagoreischen Kosmologie zu forschen. Ich befasste mich fortan mit allem, was an Einflüssen auf den Universalgelehrten eingewirkt haben könnte, so zum Beispiel mit den orphischen und dionysischen Mysterienkulten, dem Wissen alter, bis ins 4. Jahrtausend v. Chr. existierender sumerischer Sternenreligionen, tibetischer und indischer Astrologie und nicht zuletzt mit den Riten und Glaubensinhalten alter Naturreligionen. Es eröffneten sich mir viele unterschiedliche Sichtweisen. Immer mehr Puzzleteile kamen zusammen, doch es wurde nicht einfacher, das Weltbild des großen Philosophen nachzuzeichnen.

Ich brauchte noch eine Wissensquelle ganz anderer Art.

Zwischenzeitlich hatte ich von einem alten Pilgerpfad in Nepal gehört, der mein Interesse erregte.

Alles Bücherwissen und alle Theorien sind nur halb so viel wert, wenn man nicht hinausgeht in die Welt und mit seinen eigenen Sinnen schaut, hört, riecht und schmeckt, wie sich die Dinge in der Wirklichkeit verhalten.

Kurz, um meine geisteswissenschaftlichen Betrachtungen in Einklang mit praktischem Erfahrungswissen zu bringen, schnürte ich eines Tages meinen Rucksack, zog die Wanderstiefel an und begab mich nach Nepal, in ein Gebiet des südlichen Himalaya, das noch heute den Namen der großen Muttergöttin „Annapurna" trägt.

Ich stellte mich der Herausforderung, in einem der ärmsten Länder der Welt ohne Kenntnis der einheimischen Sprache, auf Esels- und Dschungelpfaden, durch tiefe Felsschluchten und über alpine Bergpässe in versteckt liegenden kleinen Bergdörfern und an abgelegenen Kultplätzen nach den Planetenschalen und den Ursprüngen einer verschollenen Kosmologie zu suchen.

So will ich nun mit meinem Bericht beginnen, wie einst der Sänger Orpheus mit seinem Gesang, will erzählen, was ich gesehen, gehört und gefühlt habe, in einem fremden Land, weit weg von dem unsrigen.
Ich werde mir erlauben, dich wie einen treuen Weggefährten in die Geheimnisse der großen Muttergöttin einzuweihen und bisweilen hinter den Horizont des Alltäglichen, des Diesseitigen hinauszuführen, in die Welt der großen Weisheitslehren, der wahren und guten Ideen des Universalgelehrten Pythagoras.

Einleitung

Kathmandu, Nepal:
Es ist nicht einfach, sich als Europäer im Chaos einer asiatischen Großstadt der Dritten Welt zurechtzufinden. Die Armut, das Elend der Menschen und der Schmutz in allen Ecken springen einem schon beim Verlassen des Flughafengebäudes in die Augen, abgesehen von der Mühe, die es macht, sich an Schleppern und Zimmervermittlern vorbei einen Weg zu Bus oder Taxi zu bahnen.
Ich hatte Glück, am Flughafen einen jungen, netten nepalesischen Geschäftsmann kennen zu lernen. Bodha Raj Bhandari war Leiter eines kleinen Reisebüros in Thamel, dem Geschäfts- und Einkaufszentrum Kathmandus. Er hatte einige wenige Angestellte, war viel auf Reisen und sprach fließend Englisch. Er schlug mir vor, ein Hotelzimmer in der Nähe seines Büros zu belegen und mir bei meinen Reiseplänen etwas zu helfen. Ich willigte ein und nachdem wir mit dem Taxi zum Hotel gefahren waren und ich die Unterkunft für gut und geeignet empfunden hatte, gab er mir seine Visitenkarte, verabschiedete sich von mir mit einem festen Händedruck und sagte: „Komm morgen früh ab 10 Uhr in mein Büro, dann werden wir weiter sehen!"
Ich war zunächst etwas skeptisch, ob nicht irgendein Geschäftsinteresse hinter der Hilfsbereitschaft dieses Menschen stand, denn ich hatte ja schon bei meiner Ankunft mitbekommen, dass sich manche Geschäftemacher wie Kletten an westliche Reisende hängen, um irgendwie an deren Geld zu kommen. Doch Bodha war anders, er machte einen sympathischen Eindruck, und tatsächlich, so sollte sich herausstellen, half er mir völlig uneigennützig. Dies ist in Kathmandu keinesfalls selbstverständlich. Schon beim Verlassen des Hotels kamen ein halbes Dutzend Rikshafahrer* auf mich zu und wollten mich durch die Stadt kutschieren. Man tut nur gut daran, vorher

---

* Riksha: dreirädriges Fahrradtaxi

nach dem Preis zu fragen, sonst ist es am Ende drei- oder viermal so teuer wie im Normalfall.

Diese Stadt schockt, wenn du sie zum ersten Mal betrittst, sie kommt dir vor wie Sodom und Gomorra. Auf den verstopften, viel zu engen und mit Schlaglöchern übersäten Verkehrsstraßen herrscht das Recht des Stärkeren. Wer am meisten und am lautesten hupt, kommt am besten durch: Bahn frei! Jetzt komme ich!, scheint die Verkehrsparole hier zu lauten. Die Luft ist verpestet von Abgasen, Passanten tragen Mundschutz gegen Smog. Bei nicht selten schwül warmer Witterung ist die Luft besonders schlecht. Und dann die vielen armen Menschen, die an den Straßenrändern herumlungern: Bettler, Schuhputzer, Schlangenbeschwörer, Krüppel, Obdachlose, Bauchladenverkäufer, manche rufen etwas ohne gehört zu werden, ohne heute schon etwas verkauft zu haben. Dort eine Frau, die in einer Straßenpfütze ihre Wäsche wäscht, hier einer, der auf einem Holzschemel gerade einem Huhn den Kopf abschneidet.
Dies alles ist normal in den Straßen von Kathmandu und niemand regt sich darüber auf, doch es soll nicht selten vorkommen, dass sich galante Herrschaften aus dem Westen nach Ankunft in ihrem Hotelzimmer, von all diesen Eindrücken, die sie vielleicht nur flüchtig, aber lang genug, während der Taxifahrt vom Flughafen zu ihrem Hotel erlebt haben, auf der Toilette vor Ekel übergeben haben.
Ich wusste von vorneherein, dass diese Reise kein Honiglecken werden würde und dass ich nicht zu meinem Vergnügen nach Nepal gekommen war. „Was machst du, wenn vor deinen Augen ein Mensch am Straßenrand stirbt?“; „Hältst du das Elend und den Dreck dort unten psychisch aus?“; „In Nepal wird geschossen, es ist Bürgerkrieg!“ Mit diesen und ähnlichen Argumenten versuchten mich Bekannte und Freunde vor meiner Reise doch noch umzustimmen. Es half aber alles nichts.
Jetzt war ich da, und eigentlich war ich mit den ersten Eindrücken, die bei westlichen Touristen nicht selten einen Kulturschock auslösen, recht gut klargekommen. Doch ich musste mir eine Strategie überlegen, wie ich locker und gelassen und

trotzdem aufgeschlossen diesem Land und seinen Leuten begegnen könnte.

Zunächst kaufte ich mir einheimische Kleidung, band mir ein Stirnband um meine mittellangen Haare und malte mir wie die Hindus einen roten Punkt auf die Stirn. Ich wurde jetzt nicht mehr so schnell als Westler erkannt und von den aufdringlichen Straßenhändlern bei meinen Spaziergängen und Ausflügen durch die Stadt meistens in Ruhe gelassen. Zweitens überlegte ich mir, ob ich in irgendeiner Weise mein Mitgefühl für die Ärmsten der Armen zum Ausdruck bringen könnte, ohne eine Almosenmentalität zu fördern. Denn ähnlich wie die Straßenhändler mich bedrängten, um etwas zu verhökern, so kamen an bestimmten touristisch frequentierten Plätzen ständig Bettler auf mich zu und baten um ein Almosen.
Wie sollte ich auf die direkte Konfrontation mit Elend und Armut reagieren? Einerseits taten mir diese armen Menschen leid, andererseits konnte ich aber wegen meiner bescheidenen Mittel nicht jedem etwas geben. Ich beschloss, Bettler, die mich bedrängten, nicht zu beachten und abzuweisen, am Abend eines jeden Tages aber bewusst und unauffällig einer Not leidenden Person oder ein paar Straßenkindern etwas Geld oder Essen zu geben.
Das war meine Strategie, die ich mir schon am ersten Tag zurechtgelegt hatte, und ich glaube in Bezug auf mein Gewissen richtig gehandelt zu haben.
Am nächsten Tag traf ich Bodha in seinem Büro. Ich hatte ihm von meiner Absicht erzählt, das Annapurna-Bergmassiv zu erwandern und war gespannt auf seine Ratschläge. Er stellte mich kurz seinen Mitarbeitern vor, bot mir eine Tasse Tee an, dann breitete er eine Landkarte auf seinem Schreibtisch aus und sprach: „Das Wichtigste zuerst: Du brauchst ein ‚Permit', eine Erlaubnis von der Regierung, das Gebiet betreten zu dürfen. Es kostet ungefähr 30 Euro. Wenn du willst, kann ich mich darum kümmern. Die Straßen werden vom Militär überwacht und du musst einige Kontrollpunkte passieren, um in das Annapurna-Gebiet zu kommen. Es kann sein, dass du auf

dem Trail von Maoisten angehalten wirst und noch mal eine erhebliche Menge Geld bezahlen musst. Sie beherrschen den Westteil des Landes und tauchen immer wieder mal in der Gegend auf. Manchmal liefern sie sich Gefechte mit den Regierungstruppen. Aber keine Angst, Touristen ist bisher nichts passiert, die sind immer nur zur Kasse gebeten worden." Dann zeigte mir Bodha auf der Landkarte die wichtigsten Orte und schlug mir eine Wanderroute vor, den so genannten „Annapurna-Zirkel". Dies ist die gängige Bezeichnung der Trecker und Bergsteiger, weil man dabei in einer Zeit von etwa drei Wochen den Hauptgipfel umrundet. Der Annapurna-Zirkel verläuft zu einem großen Teil auf einem alten Pilgerpfad, der von Hindus und Buddhisten noch heute gegangen wird und zu einer alten Kultstätte nach Muktinath führt.

Von 1980 bis 1996 boomte in Nepal der Trekkingtourismus. Es entstand mit internationaler Hilfe ein Entwicklungsprojekt (ACAP), das sich bemühte, die einzigartige Landschaft des Annapurna-Gebietes ausländischen Wandertouristen zugänglich zu machen, die Landflucht aus den abgeschiedenen Dörfern zu stoppen und den dort lebenden Volksgruppen Einnahmen aus dem Trekkingtourismus zu erschließen. Doch seit 1996 sorgen politische Unruhen in regelmäßigen Abständen für schlechte Nachrichten und die Trecker blieben immer mehr aus, weil sich die Überfälle häuften.

„Es gibt Verpflegung und Unterkünfte genug da oben, die Menschen in den Dörfern sind hilfsbereit und freuen sich, wenn sie etwas dazu verdienen können", fuhr Bodha fort. „Hast du einen Schlafsack und warme Kleidung?" – „Na klar!", entgegnete ich. „Wie sieht es mit einer guten Wanderkarte aus?" – „Die kann ich dir besorgen", meinte Bodha und gab sogleich einem seiner Adjutanten den Auftrag, sich um eine Karte zu kümmern. Er bot mir auch einen seiner Mitarbeiter als Bergführer an, doch dieses Angebot lehnte ich dankend ab.

Rikshas in den Straßen von Kathmandu

Landkarte mit der Route vom Annapurna-Zirkel

Tempelbezirk Lalitpur

Buddhistischer Affentempel

Ich hatte davon gehört, dass es bei Wandertouren in Nepal üblich ist, einen einheimischen „Guide“ oder „Porter“ mitzunehmen, doch der Gedanke daran, ständig von einer Person begleitet zu sein, stieß bei mir auf erheblichen Widerwillen.
Ich musste noch zwei ganze Tage unfreiwillig in Kathmandu verweilen. Wegen irgendwelcher Anschläge waren alle Straßen des Landes für den öffentlichen Verkehr gesperrt.
In dieser Zeit besuchte ich die heiligen buddhistischen und hinduistischen Tempelbezirke der Stadt, die bei mir einen tiefen Eindruck hinterließen.
Dann bekam ich endlich mein „Permit“ und das große Abenteuer konnte beginnen.

Am Morgen des 15. April 2005 saß ich im Bus nach Besisahar, einem kleinen Ort, den mir mein nepalesischer Freund als Ausgangspunkt für meine Wanderung empfohlen hatte.
Die Busfahrt dorthin war wegen der engen Sitzverhältnisse und der sommerlichen Hitze sehr anstrengend, aber bisweilen auch sehr aufregend. Zunächst ging es am buddhistischen Affentempel vorbei durch die Vororte der Großstadt, mit den üblichen Eindrücken von Slums und Elend, wie ich sie zu Anfang schon beschrieben habe. Dann gab es eine Militärkontrolle, die Fahrgäste mussten aussteigen und der Bus wurde durchsucht. Nach meinen Ausweispapieren fragte aber niemand.
Kaum hatte der Bus die Stadt verlassen und an Fahrt gewonnen, gab es bei Thankot auf Grund einer weiteren Kontrolle einen riesigen Stau. Von einem Berghügel konnte man die Blechlawine kilometerweit beobachten. Fast drei Stunden gab es kein Vorwärtskommen. Es war warm und die Fahrgäste wurden ungeduldig. Für solche Fälle hatte der Schaffner Videokassetten dabei. Er schob einen Gewaltfilm nach dem anderen in eine selbst gezimmerte Holzkiste mit Bildschirm, die im Frontbereich des Oldtimers, Marke Tatta, geschätztes Baujahr 1965, für alle sichtbar an der Decke montiert war. Zum Glück hatte ich einen Fensterplatz, so konnte ich mich von den klischeehaften, Gewalt verherrlichenden Bildern abwenden, doch es machte mich nachdenklich, wie die anderen Leu-

te, besonders jüngere Fahrgäste, von der Gewalt auf dem Bildschirm fasziniert waren.
Auf der Gegenfahrbahn quälte sich der Verkehr ebenfalls in endlosen Kolonnen an uns vorbei.
Ich bewunderte die bunt angestrichenen Trucks, deren Bordwände mit mythologisch-religiösen Motiven hübsch bemalt waren. Als wollte mir Gott Shiva im Vorbeifahren seine Geschichte erzählen. Immer intensiver beobachtete ich das Geschehen auf den Bordwänden und über den Radkästen der Lastwagen:
Shiva mit dem Dreizack, um den sich eine Schlange windet – Shiva in Vereinigung mit seiner Gemahlin Shakti – Shiva als Nataraja, König des Tanzes mit vier Armen in einem 24-flammigen Rad – Shiva mit Parvati und ihrem elefantenköpfigen Sohn Ganesha – Shiva mit der Schlange als Symbol der Weiblichkeit … immer wieder Shiva in seinen unzähligen Manifestationen.

Shiva gehörte in der Geschichte des Hinduismus neben Brahmā und Vishnu zu den Hauptgöttern und wird heute am meisten verehrt. Aus dem Sanskrit kommend bedeutet der Name so viel wie: „der Gütige, der Freundliche". In den dreitausend Jahre alten Veden, den heiligen Urschriften der indischen Literatur, kommt Shiva noch nicht vor, dort gibt es die Untergottheit Rudra. Dieser erinnert mit seiner schrecklichen, zerstörerischen Gewalt an den germanischen Feuergott Loki und den keltischen Gott Lug. Über Rudra steht Brahmā, der Schöpfer des Universums. Den Mythologen und Religionsforschern zufolge sollen die Eigenschaften Rudras irgendwann im Laufe der hinduistischen Religionsgeschichte auf Shiva übergegangen sein. Shiva erscheint aber positiver, nicht als Zerstörer der Welt, sondern als Zerstörer der Nicht-Erkenntnis, dargestellt in der Gestalt eines Asketen mit einer Halskette aus Menschenschädeln.*
Ein andermal erscheint Shiva im Liebesakt mit seiner Gemahlin Shakti (auch Parvati oder Durga genannt). Er drückt dann das transzendente Absolute aus und gilt als der allen Gegensätzen Entrückte und Erleuchtete.

---

* Brahmā, der Schöpfergott darf nicht verwechselt werden mit dem Brahma**n**, dem ewigen, unvergänglichen Absoluten, dem Urgrund allen Seins.

Sein Symbol ist der Lingam (Phallus), der an kultischen Plätzen in Form einer Steinsäule oder eines Felsens verehrt wird. Das Symbol seiner Gemahlin Shakti ist die Yoni oder Vulva (Schoß, weibliches Geschlechtsorgan), die an Erdspalten und Quellenheiligtümern verehrt wird. Dieser Kult, der von den alten Naturreligionen übernommen wurde, hat noch heute im Hinduismus eine große Bedeutung. Die Symbole des männlichen und weiblichen Aspekts sind mehr allegorisch-kosmologisch als erotisch-sexuell zu verstehen. Das Prinzip der Polarität ist archaischer Herkunft und in allen Kulturen irgendwann einmal aufgetaucht, zum Beispiel im babylonisch-assyrischen Kulturkreis: Der Sonnengott Utu-Schamasch vermählt sich mit seiner Schwester, der Erdgöttin Ischtar, in der griechischen Mythologie sind es Uranos und Gäa oder Zeus und Hera, in einem germanischen Mythos vermählt sich die Erdgöttin Freia mit dem Himmelsgott Wotan.

Sogar im christlichen Glauben gibt es die Gottesmutter Maria, die mit der historischen Maria, der leiblichen Mutter Jesu, eigentlich überhaupt nichts mehr zu tun hat. Der Vater im Himmel, aus dem jüdischen Glauben übernommen, brauchte ein Gegengewicht, weil die von der Polarität des Kosmos überzeugten heidnischen Völker den christlichen Glauben sonst nicht angenommen hätten.

Es ließen sich in der Tat dutzende solcher Beispiele aufzählen, in denen diese Mythen und Götterbeschreibungen vorkommen. Auch im Taoismus, wo man keinen Götterhimmel kennt, glaubt man letztendlich an das absolute Höchste, wenn Yang und Yin sich im Ausgleich, in vollkommener Harmonie befinden. Wir werden bei näherer Betrachtungsweise noch sehen, welchen Stellenwert dieses Prinzip der Polarität in Bezug auf die Evolution und den Menschen hat.

Des Weiteren wird Shiva in manchen Strömungen auch als persönliche Schutzgottheit angerufen, wie aus dem Ramayana Epos (4. Jh. v. Chr.) hervorgeht.

Eine Schutzgottheit ist im hinduistischen Glauben zu vergleichen mit dem Schutzengel der Christen. In der Götterhierarchie beider Religionen stehen diese natürlich auf einer niederen Stufe.

Zusammenfassend könnte man sagen: Vom demiurgischen Schöpfergott bis zum Schutzengel vermittelt uns Shiva (bzw. Rudra) fast das gesamte Spektrum an Vorstellungen von Göttlichkeit, er trägt 1008 Namen, ist aber zunächst nicht das eine Ganze, nicht das ursprüngliche Höchste, nicht das Brahman. Erst als der Brahmanismus an Bedeutung zu verlieren beginnt, übernimmt Shiva die Rolle Brahmans, bleibt aber in seinen tradierten, göttlichen Teilaspekten im Bewusstsein der Gläubigen erhalten.

So erzählten mir die entgegenkommenden Lastwagen bildhaft die Geschichte des Gottes Shiva. Der Stau war jetzt zu Ende, der Kontrollpunkt passiert und der Busfahrer hatte gerade einen höheren Gang eingelegt, als sich vor meinen Augen, wie in einem antiken Theaterstück, noch eine beeindruckende Schlussszene abspielte. Über dem Radkasten eines Lastwagens zeigten sich zwei fliegende Schwäne oder Kraniche, einer links und einer rechts, die Köpfe an einem Stab einander zugewandt. Ich wusste sofort, dass der Stab mit dem Dreizack Shivas in Verbindung steht und dass es sich bei den Schwänen um „*Hamsa*", die Wildgans, handelt.

In der altindischen Mythologie reitet der Höchste aller Götter, Brahmā, in seiner Seligkeit auf der Wildgans „Hamsa." Er wird mit vier Köpfen und vier Armen dargestellt.
„Hamsa" ist in ihren Eigenschaften identisch mit dem Schwan der griechischen und keltischen Mysterien. Im frühen Mittelalter reisten die irischen Wandermönche mit dem gekrümmten Schwanenhals in ihrem Pilgerstab auf dem Weg der Gans, dem späteren Jakobsweg. In Frankreich, Spanien und Deutschland weisen viele Orte auf den Gansweg als einen alten Initiationsweg hin, weil sie das germanische Wort „gans" im Namen tragen.
Wir werden noch sehen, dass es sich bei der Wildgans bzw. dem Schwan um ein archaisches Urbild handelt, welches uns in leicht abgewandelter Form in vielen Kulturen begegnet.
Schließt sich schon hier auf mythologischer Ebene zwischen Ost und West und auf etymologischer Ebene zwischen der deutschen Sprache und dem Sanskrit der Kreis, so wird an anderer Stelle zu untersuchen sein, wie die frühen Kelten oder die Schwertträgerkulturen der späten Bronzezeit mit den Ariern und den Brahmanen in Zusammenhang gebracht werden können, etwa was die Form gemeinsamer Bestattungsriten anbelangt.

Das Abenteuer beginnt mit der Busfahrt

Bunt bemalter Lastwagen mit mythologischen Motiven

Gott Shiva auf der Bordwand eines LKW

Rucksack mit Sarangi

Wir fuhren in einem großen Tal weiter auf dem Pithvi Highway, der Hauptverkehrsstraße Richtung Pokhara, vorbei an einem Wasserkraftwerk, das von Schützenpanzern und patrouillierenden Soldaten bewacht wurde. An einer Brücke gab es wieder einen Stopp und eine Kontrolle. Der Bus war jetzt schon über acht Stunden unterwegs. Müdigkeit und Langeweile machte sich unter den Fahrgästen breit und ich wollte mir gerade ein Buch über die Bhagavadgita* aus meinem Rucksack holen, als ich das entfernte Summen einer Geige und die Stimme eines Sängers hörte. Es dauerte auch nur wenige Momente und ein fiedelnder Musikant im Alter von acht oder neun Jahren stand in der Eingangstür unseres Tattas und gab ein Ständchen.
Der fahrende Spielmann erregte meine Aufmerksamkeit: „Was singt dieser kleine Junge?", fragte ich meinen Nachbarn. Der Mann lauschte einen Moment, dann übersetzte er kurz und knapp in „Nepali-Englisch": „Bin ein armer Gaine, bin ein armer Gaine, spiele für die Leute, die da kommen von Kathmandu, Kathmandu …"
Manche Leute schmunzelten über die witzigen, selbst gebastelten Verse dieses Zwerges. „Die Gaines sind arme Leute, ihnen wurde viel Unrecht angetan", kommentierte mein Dolmetscher. Wenn ich ihn weiter richtig verstanden habe, wurden die Gaines früher verfolgt, als sie noch wie Zigeuner durch die Lande zogen. Und wieder erklang der Refrain: „Bin ein armer Gaine, Gaine, Gaine, Gaine, spiele für die Leute, die da kommen von Kathmandu, Kathmandu …

Nach einer weiteren musikalischen Einlage begann der junge Mann zu sammeln. Ich holte 20 Rupies aus meinem Geldbeutel und gab sie ihm. Ich schaute nach seinem Instrument, das ähnlich wie eine Geige klang und doch ganz anders aussah. Der Junge hatte mein Interesse an dem Instrument bemerkt. Um mir zu zeigen, dass es auch spieltauglich ist, spielte er die Tonleiter an und sang: Do-Re-Mi-Fa … Dann bot er mir das

---

* Heilige Schrift aus dem Sanskritepos Mahabharata 5. – 3. Jh. v. Chr., wörtlich: „Der Gesang des Erhabenen"

Instrument zum Kauf an: „Sarangi, Sarangi, 1000 Rupies!“, sagte er lächelnd. Ich winkte freundlich ab, überlegte aber eine Weile hin und her, ob ich das Instrument nicht doch erwerben sollte. Der Junge ging nach draußen, wo er sich mit zwei anderen seiner Gruppe traf. Sie unterhielten sich, stimmten ihre Instrumente und schienen sich für die nächste Spielrunde in einem der ankommenden Busse bereit zu machen. Mittlerweile herrschte an dem Kontrollpunkt ein Betrieb wie auf einem Busbahnhof. Imbissverkäufer liefen an der Fahrzeugkolonne vorbei und boten laut rufend mit ausgestreckten Armen kleine Häppchen von Kokosnüssen und Früchten an. Einige Leute stiegen aus, um sich die Beine zu vertreten, während ich aus dem geöffneten Fenster weiterhin das Geschehen drum herum und das Verhalten der Musikanten beobachtete. Da entdeckte ich an dem Instrument eines Spielers zum zweiten Mal „Hamsa“, die Wildgans, als Verzierung in Form eines unverkennbaren Vogelkopfes. Jetzt hielt mich nichts mehr auf meinem Sitz. Ich ging nach draußen zu den Musikanten und bekundete mein Interesse an ihren Fiedeln. Sie zeigten mir ihre Instrumente, gaben mir eine Kostprobe ihres Könnens und erklärten, dass alle Instrumente selbst gebaut seien, neben der traditionellen Sarangi auch ihre Flöten und Trommeln. „So eine kleine Sarangi“, dachte ich, „könnte ich gerade noch in meinem Rucksack unterbekommen.“ Ich feilschte nicht lange um den Preis, gab dem Spielmann sein Geld und schon war ich im Besitz eines neuen Instrumentes. Ich glaubte daheim eigentlich schon genug Instrumente zu haben. Aber diese Sarangi war etwas Besonderes. Sie war nur 30 Zentimeter lang und aus *einem* Stück Holz geschnitzt. Der Hals war verziert mit „Hamsa“, der Wildgans, und die Saiten wurden mit einem kleinen gespannten Holzbogen angestrichen. Ein echter Exot in meiner Sammlung mittelalterlicher Instrumente. Ich ließ mir noch schnell die Stimmung und die Spielweise erklären, dann ging es wieder weiter.

Hinter Pumre bog der Bus in eine kleine Landstraße ein, eigentlich nur ein befestigter Feldweg, aber wenigstens ging es jetzt zügig voran. Fast 10 Stunden waren wir schon unterwegs,

für eine Strecke von ca. 100 Kilometer. Wir fuhren weiter an kleinen Dörfern vorbei in die Berge, die ersten Ausläufer des Himalayas. Es wurde schon langsam dunkel, als wir in ein kleines Weiler mit ein paar Lehmhütten kamen. Der Fahrer hielt an einem der Häuser an und erkundigte sich nach irgendetwas. Er rief den Schaffner und alsbald mussten alle Leute aussteigen. Es herrschte ziemliche Aufregung und Gedränge. Manche Leute griffen nach ihren Taschen, andere ließen sie im Bus zurück. Ich schaute nach dem Südafrikaner, dem einzigen Ausländer, der noch mitgefahren war. „Was hat das zu bedeuten?", fragte ich ihn. „Ich weiß nicht", antwortete er mir verschlafen. Wir beide brauchten einige Zeit, um zu verstehen, dass irgendeine Gefahr in der Luft lag. Alle anderen Fahrgäste waren längst ausgestiegen.
Sie rannten alle die Straße entlang, vielleicht 200 Meter, vorbei an einer Straßenbarriere und einem Wachhäuschen. Auch wir nahmen jetzt unsere Beine in die Hand und rannten den anderen hinterher. In der Ferne hörte man Gewehrschüsse, die aber nicht uns galten; eine Auseinandersetzung zwischen Maoisten und Regierungstruppen.
Die Leute sammelten sich an einer geschützten Stelle, dann kam der Bus angesaust, ohne Licht und mit hoch drehendem Motor. Der Schaffner winkte die Leute eilig herbei, wir stiegen ein und der Bus fuhr zunächst ohne Licht weiter. Es war gespenstisch und mäuschenstill geworden, manche beteten oder murmelten etwas vor sich hin. Eine Mutter tröstete ihr Kind und drückte es an ihre Brust.
Nach einer Stunde Fahrt kamen wir endlich nach Besisahar. Hier endete die Straße, endlich war ich an meinem Ausgangspunkt, endlich war der Bus an seinem Ziel.
Das Dorf lag schlecht beleuchtet in der Abenddämmerung, Hunde bellten und die Fahrgäste waren sogleich in den Häusern ihrer Bekannten und Angehörigen verschwunden, es war sommerlich warm und es wehte ein angenehmer Wind. Der Südafrikaner und ich wurden von einem Mann angesprochen: „Suchen Sie ein Zimmer?" – „Ja natürlich." – „Kommen Sie und seien Sie mein Gast." – „Darf ich mir das Zimmer einmal

anschauen?", fragte ich. „Selbstverständlich!" Wir gingen zu seinem Haus. Es war ein Restaurant mit einigen kleinen Stuben, sehr bescheiden, aber immerhin hatten sie elektrisches Licht, die Toiletten waren im Garten. „Was soll das Zimmer kosten?", fragte ich den Wirt. „Sagen wir 250 Rupies (ca. 3 Euro), weil Sie es sind", entgegnete er. „Einverstanden!"
Im Restaurant war ich der einzige Gast, die Fensterläden waren zugeklappt und es brannte nur eine müde Funzel. Vor der Tür schlief ein armer Mann auf dem Boden. Anscheinend jemand, der sich das Zimmer nicht leisten konnte. Ich bestellte ein traditionelles Gericht, „Dhaal bhaat", Reis mit Linsen. Der Wirt und sein Sohn waren zwei unterhaltsame und fröhliche Tischgesellen. Nachdem ich erzählt hatte, woher ich kam, wohin ich wollte, dass ich verheiratet bin und wie ich mein Geld verdiene, durfte auch ich etwas fragen. „Ist der Weg leicht zu finden?" – „Sie müssen einfach nur am Fluss entlanglaufen, drei oder vier Tage lang." – „Gibt es Maoisten in der Gegend?" – „Ab und zu, bei uns im Dorf waren sie lange nicht mehr gewesen. Die Schurken kommen von den Bergen runter, holen sich etwas und verschwinden wieder. Einem einzelnen Wanderer auf dem Pfad werden sie nichts tun", versicherten mir die beiden und zerstreuten so meine Bedenken.
Nach dem Essen zog ich mich zur Abendruhe zurück.
Meine Stube hatte ein Fenster, ich öffnete es weit und erblickte den aufgehenden, silbernen Mond über einem Berggipfel, einem Vorläufer der großen Muttergöttin. Ich vernahm die fremde Stimme eines Nachtvogels und das „Gu Gu" eines Geckos. Welch eine schöne, fremde und aufregende Natur sich mir doch offenbarte, mir, dem Wanderer zwischen den Welten. Dankbar lauschte ich in die Nacht hinein und war froh, dass ich aus Sodom und Gomorra entkommen war.

Wem Gott will rechte Gunst erweisen …

1. Etappe: Besisahar – Bahundanda

Der Tag grüßte mit Sonnenschein und gutem Wetter, wenn auch die Berggipfel im Norden in Wolken gehüllt waren. Ich kaufte einige Lebensmittel ein und ging zum Barbier, um mich meines Stoppelbartes zu entledigen. „Vielleicht eine letzte Gelegenheit in der Zivilisation“, dachte ich, bevor ich mich auf den Annapurna-Trail begab. Der junge Mann, der mich rasierte, machte einen etwas schüchternen Eindruck. Entgegen der üblichen, nepalesischen Lebensart, einem Ausländer aus Neugier alle möglichen Fragen zu stellen, interessierte sich dieser junge Mann nicht im Geringsten für meine Herkunft. Mit einem selbstsicheren Lächeln ging er an die Arbeit. Er band mir ein Tuch um, legte eine neue Rasierklinge in das Messer und schäumte mit den Händen mein Gesicht ein. Entspannt zurückgelehnt beobachtete ich aus meinen Augenwinkeln heraus jeden seiner Handgriffe. Die Rasur bestand aus drei Arbeitsgängen. Dreimal schäumte er mich ein, dreimal ging er mit dem Rasiermesser akribisch über mein Gesicht, während seine funkelnden braunen Augen jeden Gesichtswinkel zu analysieren schienen. Ich hatte den Eindruck, dass mich dieser junge Mann mit sehr viel Geschick und Erfahrung rasierte. Er war ein Meister seines Fachs, das stand außer Frage, aber es gab noch etwas anderes, was seine Qualitäten auszeichnete. Er übte alle Tätigkeiten mit einer gewissen Hingabe aus, dass ich dabei im wahrsten Sinne des Wortes einen Hauch von Zärtlichkeit empfand. Neben dem Spiegel hing ein Poster von Shiva mit seiner Geliebten Shakti, aber das war nur ein zufälliger, optischer Beigeschmack in einem kleinen, angenehmen Moment des Lebens.

Nachdem ich diese Art „nepalesischer Wellness“ mit Genugtuung über mich ergehen ließ und alles zum Besten war, fragte ich, was ich schuldig sei, aber der junge Mann drückte sich nicht genau aus. Ich fragte: „Zwanzig?“ Er nickte verlegen und ich gab ihm fünfundzwanzig Rupies. Ich hatte jedoch das Ge-

fühl, dass irgendetwas mit dem Preis nicht stimmte. Bevor sich die Möglichkeit eines letzten fragenden Blickes ergab, wandte er sich aber schon dem nächsten Kunden zu, der geduldig auf seinem Platz wartete. Ich steckte ihm die fünfundzwanzig Rupies in die Seitentasche seines Kittels, bedankte mich und verabschiedete mich mit zusammengefalteten Händen und dem üblichen „Namasté“ (Auf Wiedersehen).
Ich durchquerte Besisahar bis zum Ortsende, wo die Straße in einen Feldweg mündet und der Wanderweg beginnt.
Das Annapurna-Massiv wird von zwei mächtigen Tälern, dem Kali-Gandaki und dem Marsyandi-Tal zangenartig umfasst, die durch den Hauptpass, den „Thorung La“ miteinander verbunden sind. Mit einem Höhenunterschied von 6000 Metern ist das Tal des Kali-Gandaki die tiefste Schlucht der Welt.
Der Himalaya, wörtlich übersetzt: „Wohnstätte des Schnees“, ist erdgeschichtlich gesehen ein relativ junges Gebirge, das erst vor 60 Millionen Jahren entstanden ist. Ursache der Auffaltung war der Zusammenprall der Eurasischen Platte im Norden und der Indo-Australischen Platte im Süden, die einst das Meer Tethys voneinander trennte.
Das Klima Nepals ist vom Monsun geprägt. Der Sommermonsun herrscht von Anfang Juni bis Ende September. Die warme Luft, die von den Südhängen des Himalayagebirges aufsteigt, zieht feuchte Luftmassen vom Indischen Ozean aus dem Süden an. Das bewirkt tagsüber einen permanenten Nieselregen. Die Gebiete im inneren Himalaya sind gegen den Sommermonsun weitgehend abgeschirmt und die Niederschlagsmengen entsprechend gering.
Im Winter kehren sich die Verhältnisse um. Von Dezember bis Februar drängen nun die Luftströme des kalten trockenen Wintermonsuns von Nord nach Süd und es fällt Schnee in den inneren Gebieten des Himalayas.
Das extrem stark ausgeprägte Relief des Annapurna-Gebietes bewirkt den klimatischen Effekt des Großen im Kleinen und ruft den Umstand hervor, dass ein Tal oder eine Bergflanke entweder den Monsunwinden ausgesetzt ist, oder aber im Wind- und Regenschatten liegt. Wenn man den Annapurna

umrundet, durchwandert man in wenigen Tagen beeindruckende, gegensätzliche Landschaften, von den trockenen Regenschattengebieten im Osten bis hin zu den Gebieten mit subtropischer Vegetation im Westen.
Mein Ausgangspunkt lag auf 800 Meter Meereshöhe, ich folgte dem Lauf des Marsyandi flussaufwärts. Schon bald begegneten mir die für das nepalesische Transportwesen typischen Träger, die überall im Gebirge anzutreffen sind.
Sie können bis zu 80 Kilo Gepäck auf ihrem Rücken tragen. Meistens sind es Gegenstände des alltäglichen Gebrauchs, die sie in die Dörfer bringen. Schwerere Lasten, wie Getreide, Zement oder Salz, werden von Mulis transportiert. Auch in der Landwirtschaft und im Bauwesen Nepals geht es, nach unseren Verhältnissen bemessen, mittelalterlich zu.
Die Arbeit in den Bergen wird ausschließlich von Hand verrichtet, denn es gibt keine Traktoren oder andere Maschinen. Die kleinen Felder werden mit dem Ochsen gepflügt, das Getreide wird von Hand ausgesät und mit der Sichel geerntet.
Ich lief zwei Stunden auf einer Piste. Über eine abenteuerliche Hängebrücke kam ich nach Khudi, wo Menschen des Volksstammes der Gurung leben.
Die Nepalesen setzen sich aus 20 verschiedenen, ethnischen Volksgruppen zusammen, die sich in zwei Gruppen unterteilen lassen: Die indisch-hinduistischen Völker im Süden mit indoarischer Sprachwurzel und die tibetisch-buddhistischen Bewohner des Nordens, deren Sprache tibetisch-burmesischen Ursprungs ist. Amtssprache ist das aus dem Sanskrit entstandene Nepali. Deutschsprachigen fällt die Aussprache des Nepalesischen aufgrund der Ähnlichkeit vieler Laute relativ leicht. Mit der Schrift ist es anders. Die Nepalesen verwenden nicht das lateinische Alphabet, sondern das Devanagari, das für einen Europäer aussieht wie „Chinesisch“, aber von der Aussprache mit dem Sanskrit verwandt ist.
Ich war froh, dass selbst einfache Leute hier auf dem Land so gut Englisch sprachen, ein positives Überbleibsel aus der Kolonialzeit, als die Engländer große Gebiete Indiens und Nepals unterwarfen. Die kollektive Erinnerung dieser asiatischen Völ-

ker ist daher vollkommen anders als die der Europäer. Noch heute fühlen sich diese Nationen in einer Art Opferrolle gegenüber ihren ehemaligen Herren.
Trotz der relativ guten Verständigung mit Hilfe der englischen Sprache eignete ich mir einen kleinen Grundwortschatz an, mit Wörtern wie: Ja, Nein, Danke und Auf Wiedersehen. Ich finde, das gebietet schon der Respekt und die Höflichkeit einem anderen Volk gegenüber, wenn man auf Reisen ist.
Hinter Khudi öffnete sich das Tal und ich erblickte die ersten Viertausender, deren Gipfel in Nebelschwaden und Dunst verhüllt waren. Laut Karte müsste es sich um den Nagi-Lekh und den Ngadi Chuli gehandelt haben. Ich durchquerte das kleine hübsche Dorf Bhulbhule, welches direkt am Fluss liegt und schöne Unterkünfte mit Balkon und tollem Ausblick gewährt. Ich hielt mich aber nicht länger dort auf. Der Weg führte mich weiter an einem schönen Wasserfall mit üppiger Vegetation vorbei. Wenn das Tal etwas breiter war, gab es hier und da kleine Felder mit Mais oder Getreide.
An einer Stelle kamen mir plötzlich Soldaten mit Gewehren entgegen, eine kleine Kolonne von 10 oder 12 Mann. Der Anführer schaute etwas missmutig darein, er hielt mich an und fragte unfreundlich: „Hey, sprichst du Englisch, wo willst du hin?“ Bei den bisherigen Kontrollen war ich von Soldaten immer freundlich behandelt worden, aber dieser hier war ein Flegel, der sich etwas aufblasen wollte. Er war nicht nur angetrunken, sondern machte auch sonst einen verlotterten Eindruck. Sein Hemd hing aus der Hose und sein Atem hatte eine Fahne. Ich antwortete auf seine rüde Art nicht und blieb stumm. „Hast du keine Angst vor den Maoisten?“, fragte er weiter. Ich antwortete wieder nicht, neigte nur mein Haupt ein wenig und senkte meinen Blick. Da brach er in schallendes Gelächter aus, schoss mit seinem Gewehr zweimal in die Luft, wendete sich von mir ab und zog mit seinen Kumpanen wieder des Weges. Natürlich hatte ich auch ein wenig Angst in dieser Situation, aber ich wusste, dass mir nichts passieren würde. Wem Gott will rechte Gunst erweisen, den schickt er in die weite Welt und den beschützt er auch.

Am Nachmittag kam ich nach Ngadi, einer kleinen Siedlung, wo eine nette Lodge am Wegesrand zu einer Mahlzeit einlud. Das Essen in den Dorfgasthäusern ist so billig, dass es sich nicht lohnt, Verpflegung mitzuschleppen. Für zwei oder drei Euro bekommt man ein komplettes Menü. Ich aß ein vegetarisches Gericht. Nach dem Essen machte ich eine größere Pause, denn ich wollte es am ersten Tag langsam angehen lassen, wollte die Strecke und die Belastbarkeit meines Körpers erst einmal testen. Ich ließ mein Gepäck in der Lodge zurück und ging hinunter zum Fluss, wusch meine schmutzigen Sachen, hängte sie zum Trocknen in das Geäst eines Strauches und badete. Das kühle Bad in den sandigen Fluten war sehr erfrischend und tat mir gut. Ich legte mich in eine Mulde zwischen zwei Steinen und tauchte mehrmals unter. Nach der kurzen Abkühlung kletterte ich auf einen großen, runden Felsen und streckte meine nassen Glieder auf dem heißen Stein aus, lauschte den Klängen der Natur, dem Klopfen meines Herzens und dem Pulsschlag meines Kreislaufs, der durch die Wechselwirkung der beiden Elemente auf Hochtouren kam, während mein Rücken den heißen Felsen wie eine wohltuende Fangopackung empfand. Es sollte für die nächsten Tage die letzte Gelegenheit sein, an einem warmen Sonnentag zu baden, das war vorauszusehen, also nutzte ich die passende Gelegenheit aus und stieg bald darauf nochmals in die kalten Fluten des Marsyandi und legte meine abgekühlten Glieder abermals auf den heißen Stein in die glühende Sonne. Dann meditierte ich an dieser Stelle ausgiebig und konzentrierte mich auf die Stimme des Flusses, von dem ich wusste, dass seine Wasser dem Schoß der großen Muttergöttin entsprangen.
Als ich weiterwanderte, kam ich immer wieder durch kleine Ansiedlungen. Eine Mulikarawane überholte mich und dann sah ich den ersten buddhistischen Stupa, den ich, wie es der Brauch im Buddhismus verlangt, dem Lauf der Sonne folgend, dreimal umrundete.

Träger mit Last

Entlang des Marsyandi

Bhulbhule

Chörten bei Ngadi

Nach Meinung der Archäologen hat sich der Stupa aus der Steinsäule oder dem steinzeitlichen Grabtumulus entwickelt. Beides sind Kultobjekte, die es in ähnlicher Form auch bei uns gab, angefangen bei den Dolmen der Megalithiker, bis hin zu den Menhiren der Kelten, die, ähnlich wie die Hindus, diese Steine als Symbole der männlichen Gottheit verehrten.
Abgesehen von der archäologischen Betrachtungsweise ist es aber wahrscheinlicher, dass der „Ur-Stupa" in den Stufenpyramiden der Sumerer zu suchen ist, die im vierten Jahrtausend vor Christus, wenn nicht schon früher, am Unterlauf von Euphrat und Tigris lebten. Sie waren nicht nur großartige Astronomen und Mathematiker, sondern auch hervorragende Architekten und Erfinder. Sie erfanden nicht nur das Rad und die Töpferscheibe, sondern erbauten gestufte Tempeltürme als eine Art Sternwarten-Initiationsstätte, die so genannten Zikkurats. Wenn im alten Testament (1. Moses 11) mit spitzer Zunge vom Turmbau zu Babel die Rede ist, so wird damit ein Zikkurat gemeint sein, der auf die babylonische Kultur und die Nachfahren der Sumerer zurückgeführt werden kann. Zumindest wird er dem Jahwisten** als Vorbild gedient haben, um in der Heiligen Schrift etwas auszudrücken.*
*Ein solcher Tempelturm hatte im klassischen Fall sieben Etagen, gemäß den sieben damals bekannten Planeten: Merkur, Venus, Mars, Jupiter, Saturn, Sonne und Mond, und gemäß den sieben Seinsebenen des Bardo***, auf die ich noch zu sprechen kommen werde.*
Im Zikkurat von Borsippa und Babylon fand auf der siebten Stufe die Heilige Hochzeit der Vereinigung zwischen Sonnengott und Mondgöttin statt, die von Priesterinnen und Priestern in Verbindung mit bestimmten Fruchtbarkeitskulten zelebriert wurde. Neuere Forschungen ergaben, dass es ähnliche Kulte auch in den Aphroditetempeln des antiken Griechenlands gab. Man spricht bisweilen in der zeitgenössischen Literatur verächtlich von Tempelprostitution, ohne den tieferen Sinn dieser Kulte zu verstehen.
Eine etwas andere Geschichte spielte sich in den Pagoden des alten China ab. Als Beispiel möchte ich die **Wildgans**-*Pagode in Xian (Ausgangs-*

* Die hier und nachfolgend angegebenen Zeiten prähistorischer Kulturen sind nur Faustzahlen, die sich auf Grund ständig neuer, wissenschaftlicher Erkenntnisse verändern.
** Unbekannter Verfasser großer Teile des Alten Testaments
*** Zwischenwelt, Jenseits

punkt der alten Seidenstraße!) erwähnen. Sie besteht ebenfalls aus sieben Etagen und wurde von buddhistischen Mönchen in der Sui-Dynastie errichtet. Die Initianden mussten im Laufe ihres spirituellen Entwicklungsprozesses in allen sieben Etagen von unten nach oben meditieren, erhielten theologische und praktische Belehrungen und mussten sich gewissen Prüfungen unterziehen. Jede bestandene Prüfung befähigte zu einem Weihegrad und zum Aufstieg in die nächste Etage. Im Idealfall sollte der Adept in der obersten Etage die Erleuchtung erlangt, die kosmische Ordnung verstanden und sich selbst in ethischer Hinsicht vervollkommnet haben.

Auch hier hat die Wildgans mit der Initiation zu tun und ist gleichbedeutend mit „hamsa", im Sanskrit, dem Schwan oder der Gans in den westlichen Mysterien.
Es gibt außerdem eine etymologische Verbindung von den alten Sumerern zu den Himalayavölkern. In der Kosmographie von Mandalas und der aufgeschriebenen Kosmologie der Hindus, der Jainas, der Buddhisten und der alten tibetischen Bön-Kultur findet sich die Vorstellung eines Weltenberges als Zentrum des Universums. Diesen mythischen Weltenberg nennen sie* **„Sumeru"** *(Sanskrit: Pyramide) oder „Meru."*
Betrachten wir uns an zwei Beispielen das kosmologische Weltbild dieser Völker und fragen uns, was der Berg „Meru" symbolisieren könnte.
*Erstmals wird in der hinduistischen Erkenntnislehre des Shamkhya-Systems die Frage nach dem Weltgeschehen und dem Aufbau des Kosmos behandelt. Demnach verläuft das Weltgeschehen in großen, periodischen Zeiträumen, in denen sich Tag und Nacht, Ausdehnung und Zusammenziehen abwechseln. Der Gegensatz von Geist und Materie sind die Grundlagen dieses Systems. Bei Anbruch eines neuen Weltentages entstehen aus der Materie fünf grobe und zwei feinstoffliche Elemente**.*

---

* Vgl. hierzu den walisischen Mythos von dem Gott Pwyll und dem Gorsedd-Hügel

** Auch Platon spricht in seinem Spätwerk *Epinomis* (981C – D) von einem fünften grobstofflichen Element, das er dem Äther zurechnet. Vgl. hierzu die Grafik: Der Weg des Initianden zu kosmischem Bewusstsein in meinem Buch: „Auf dem Jakobsweg"!

Am Anfang allen Seins war das Weltenei (Symbol des Urgrunds und der Fruchtbarkeit). Der Kosmos selbst gilt als Kugel. Aus dem Weltenei bildet sich Brahmā, der Schöpfergott, der Herr der Materie und großer Teile der Zwischenwelt.
In den Vedischen Schriften, dem Srimad Bhagavatam, dem Vishnu Purana und dem Surya Siddhanta ist unser physisches Universum nur eines von vielen. Es entsteht aus den Poren von Mahavishnu, der eine Teilerweiterung Gottes ist, ein Demiurg.
Wenn Mahavishnu ausatmet, entstehen Welten, wenn er einatmet, zerstört er sie. Das Universum wird allegorisch als Ei beschrieben, ist aber eigentlich rund. Es ist zur Hälfte mit Wasser (Symbol für Äther) gefüllt und von sieben Sphären umgeben. Jede Sphäre ist zehnmal so dick wie die vorherige. Die dichteste Sphäre ist die Erdsphäre, die feinstofflichste Sphäre liegt im Zentrum und ist symbolisch ausgedrückt durch den „goldenen Berg" Meru, die Zentralsonne.
Interessant ist, dass Platons Beschreibungen von Atlantis, wie er sie im „Timaios" erzählt, Ähnlichkeiten mit diesen Kosmologien aufweisen.
Auch die Theorie von den acht Wirteln (Sphären), in seinem Werk „Politeia" (614 D – 716 A) sowie das Gleichnis des „Er", Sohn des Armenios, der am zwölften Tage nach dem Tode erwachte und von Dingen aus der Zwischenwelt berichtete, geben Einblicke davon, wie sich Platon die Seelenwanderung in Bezug auf die Planetensphären vorgestellt hatte.*
Leider folgt Aristoteles der pythagoreisch-platonischen Tradition nicht. Er verwirft die Lehre von der Welt der Ideen, verlegt die Ideen immanent in die Sinneserfahrung des Menschen selbst und hebt die Seelenwanderungslehre auf.

In seinem Werk „Über die Welt" vertritt Aristoteles die Kosmologie eines **physischen** *Universums* **ohne** *Seinsebenen und Sphären im Sinne seiner Vorgänger.*
Dieser gravierende Unterschied wurde in der Philosophiegeschichte des Abendlandes kaum bemerkt und leider zu wenig kommentiert.
Nichtsdestotrotz fasziniert Aristoteles Annahme von Gott als dem „ersten Beweger" im Zentrum des Kosmos. Das in der pythagoreischen Philo-

* Spinnwirtel sind rund und haben ein kleines Loch in der Mitte. Sie hatten schon in neolithischer Zeit als Grabbeilage eine kosmologische Bedeutung.

sophie von Philolaos und Empedokles erwähnte „Zentralfeuer", als innerster, feinstofflichster Mittelpunkt des Universums, könnte Aristoteles als Motiv seiner Vorstellung von Gott gedient haben.

Wir werden uns mit den beiden Philosophen Platon und Aristoteles an anderer Stelle noch beschäftigen müssen, weil wir herausfinden wollen, wo hier der Unterton des großen Eingeweihten Pythagoras herauszuhören ist.

In den Kulturen des Ostens stellt analog zum Kosmos auf der physischen Ebene der Berg Kailash in West-Tibet den Weltenberg dar.
Von den Pilgern wird er umrundet und als Heiligster aller Berge betrachtet. Auf ihm wohnen die Götter, nicht zuletzt Shiva mit seiner Gemahlin Parvati (identisch mit Shakti).
Im Tantra-Yoga visualisiert der Yogi den Berg Meru in den physischen Körper hinein. Diese effektive Übung wird als die Reise durch den eigenen Körper beschrieben. Ziel ist es, die weibliche Schlangenkraft zu wecken, damit sich Shakti und Shiva auf der höchsten Ebene des absoluten Geistes vereinigen können.

„In deinem Körper ist der Berg Meru, umgeben von sieben Erdteilen.
Den allein, der dies weiß, hält man für einen wahren Yogi."

Shiva Samhita

Auch im Alten Testament (2 Mose 9, 9 – 25) verbirgt sich hinter der Beschreibung des Berges Sinai eine geheime Meditationsanleitung für das Ritual der „Reise durch den Körper". Jedoch scheinen sich hier historische Fakten und praktische, ursprünglich verschlüsselte Anweisungen zu vermischen. Das gleiche gilt für Ovids Metamorphosen, ein episches Sagengedicht, dessen Ursprünge in den altgriechischen Göttermythen und den Mysterienschulen zu suchen sind. Auf wunderbar poetische Weise beschreibt Ovid nach parmenidischer** Vorlage die „Bewusstseinsreise"*

---

* Ovid: römischer Dichter, 43 v. Chr. – 18 n. Chr.

** Parmenides von Elea, griechischer Philosoph (515 – 445 v. Chr.) Onthologie, erstes Buch

durch den ätherischen Körper. Die Erweckung der Schlangenkraft wird mit einer rasanten Wagenfahrt von der Erde zum Himmel durch die sieben Sphären und die sieben Seinsebenen beschrieben.

Zurück zu den tibetischen Stupen: Sie heißen auch „Chörten" und beherbergten früher Reliquien, haben meistens einen dreizehnstufigen Aufbau und werden mit Gebetsfahnen geschmückt. Die historisch gesehen junge Stil-Bauweise der „Chörten" weist eine dreifache Bekrönung in der Spitze auf: Sonne-Mond-Flammenzunge. Sie symbolisieren die Erkenntnis der Zwillingseinheit der Gegensätze und das daraus entspringende Erleuchtungswissen „Prajnāpāramitā (in der buddhistischen Zahlensymbolik die Zahl „13"!).

Ich wanderte weiter an einer Schreinerei vorbei zum Ngadi Khola, einem Seitenfluss des Marsyandi. In einem kleinen Steinbruch arbeiteten ein paar Leute mit den einfachsten Hilfswerkzeugen wie Handsieb, Pickel und Eimer. Kinder sortierten einzelne Steine, ein Ochsenkarren stand bereit und wartete darauf, beladen zu werden. Dann kam ich in ein kleines buddhistisches Dorf, wo mir eine Frau an einer Quelle freundlich einen Becher Wasser reichte. Das Dorf war auf meiner Karte nicht eingezeichnet. Warum? Vielleicht hatten es tibetische Flüchtlinge erst in den letzten Jahrzehnten errichtet. 1959 besetzten die Chinesen Tibet. Viele Tibeter flüchteten über die Berge nach Nepal und Nordindien und ließen sich im Grenzbereich nieder. Ich mutmaßte, dass meine Karte nach alten Vorlagen gedruckt worden war, denn es fiel mir öfters auf, dass gerade buddhistische Dörfer nicht vermerkt waren. Sie unterscheiden sich von den Hindu-Dörfern durch die erwähnten Stupas, Steinhügel mit buddhistischen Gebetstafeln, durch so genannte Meleongs, und durch Spaliere mit Gebetsmühlen, die die Pilger und Gläubigen andrehen, wenn sie an ihnen vorbeikommen. Im Allgemeinen machten die buddhistischen Dörfer einen besser gepflegten Eindruck als die hinduistischen, ihre Bewohner waren mir gegenüber eher zurückhaltender als die oftmals kindlich daherplaudernden Hindus, die in mir mehr den Touristen sahen als den Pilger.

Durch einen Wald verlief der Weg jetzt steil bergauf und abseits vom Fluss, vorbei an ehemaligen Reisterrassen, zu den Teehäusern von Lampata, wo ich noch mal eine kleine Pause machte, bevor ich mich entschied, den Anstieg nach Bahundanda am frühen Abend doch noch in Angriff zu nehmen. Bahundanda, wörtlich: *der Hügel Brahmans*, ist ein wunderschönes Hindu-Dorf, auf einem Bergkamm gelegen. Dort gibt es eine Schule, einige Geschäfte und Handwerksbetriebe.

Beim Betreten des Dorfes kam ich mir vor wie in einer Puppenstube. Alles war so winzig klein und beschaulich. Ich ging auf der engen Dorfstraße an den vielen kleinen Hüttchen und Geschäften vorbei und hatte Gelegenheit, am Dorfgeschehen Anteil zu nehmen. Hier saß eine Frau an ihrem Spinnrad und ließ den Faden gelassen durch ihre Finger gleiten, gleich daneben eine andere an einem Webstuhl, und nur wenige Meter weiter ein Schuhmacher, der einem Schuhwerk gerade ein paar Holznägel eintrieb. Ein kleiner Obststand mit den Früchten der einheimischen Natur und eine Lebensmittelhandlung boten die Möglichkeit, sich mit den wichtigsten Nahrungsmitteln, die man zum Leben braucht, zu versorgen. Vor der Hütte des Goldschmieds verweilte ich einige Minuten und schaute ihm durch das geöffnete Fenster bei der Arbeit zu. Einige junge Frauen kauerten um ihn herum und beobachteten jeden seiner Handgriffe. Anscheinend fertigte er gerade ein Einzelstück, denn eine der Damen kommentierte bisweilen und äußerte ihre Wünsche.

An einem anderen Haus saßen ein paar Jugendliche auf dem Boden und spielten ein Brettspiel, das traditionelle „Phot“ (ähnlich unserem „Mensch ärgere dich nicht“).

In diesem abgelegenen Flecken der großen weiten Welt schien die Zeit stehen geblieben zu sein oder zumindest langsamer zu gehen als in unserer modernen Zivilisationsgesellschaft. Mein erster Eindruck war, dass diese Menschen zwar relativ arm, aber doch autark und glücklich waren.

In der Schreinerwerkstatt

Buddhistisches Dorf am Ngadi Khola

Ich quartierte mich am Ende des Dorfes in einer Lodge ein. Dort lebt Rupa mit ihrer Familie, ihren Eltern und ihren Geschwistern. Sie ist für Haus und Hof und die Gäste zuständig, die hier täglich übernachten. Meine Stube erreichte ich über eine Holzsprossenleiter im oberen Stockwerk. Sie war aus Holz gezimmert, gemütlich, wenn auch bescheiden eingerichtet. Das einzige Inventar bestand aus zwei Betten und einer aus einer offenen Fassung herausschauenden Glühbirne in der Wand, die beim Anknipsen aber nicht funktionierte. Ich war der einzige Gast und fühlte mich wie in einem etwas größeren Baumhäuschen. Es war richtig urig und gemütlich. Direkt unter meinem Zimmer war die Taverne, wo ich mich anschließend einfand und bei Rupa ein Essen bestellte. Nebenan in der Küche saß Rupas Mutter auf dem Boden und briet in einer Pfanne mit heißem Öl appetitlich ausschauende Ringe aus Weizenmehl. Der Herd erregte meine Aufmerksamkeit. Er war schlicht und einfach, aber massiv und stabil aus Lehm gebaut, hatte drei offene Kochstellen, aber keinen Kamin. Der Rauch zog einfach durch die halboffene Küche ab.
Ich hätte die Feuerstelle gerne mal meinem örtlichen Schornsteinfeger gezeigt.
Ich finde, bei uns gibt es zu viele unnötige Schornsteinfegerregelungen, aber deren Abschaffung ist scheinbar mit unüberwindbaren politischen und bürokratischen Hürden verbunden. Warum müssen völlig rußfreie Gaskamine eigentlich gefegt werden? Warum darf ich als freier Bürger eines Landes meinen Kamin in meinem eigenen Haus nicht selber fegen?
Aber kehren wir mit unseren Gedanken lieber wieder zurück nach Bahundanda, in diese kleine, beschauliche, unkomplizierte Welt.
Ich hatte die Sarangi mit in die Taverne genommen und Rupa war neugierig, ob ich ein Ständchen spielen würde. Sie setzte sich zu mir an den Tisch und leistete mir Gesellschaft.
„Ich habe sie erst gestern von einem Gaine gekauft“, sagte ich zu meiner Entschuldigung.
Ich schraubte ein wenig an den Wirbeln der Mechanik herum, um das Instrument in Stimmung zu bringen, während Rupa

neugierig nach meiner Herkunft, nach meinem Familienstand und den anderen üblichen Dingen fragte. Ich gab bereitwillig Auskunft und erzählte ihr von mir, meiner Familie und von Deutschland. Ich bestellte eine Kanne Tee und spendierte eine Limonade. Sie gab die Limonade ihrer kleinen Schwester und trank stattdessen Tee mit mir. Das gefiel mir.

„Gehst du noch zur Schule oder machst du sonst noch was?“, fragte ich. „Nein, zur Schule gehe ich nicht mehr, ich kümmere mich um Haus und Hof und um meine jüngeren Geschwister. Mein Vater ist die ganze Woche weg und arbeitet in der Stadt.“ – „Lebst du gerne hier?“, fragte ich sie, denn ich glaubte, dass die Idylle dieses Ortes, die mich beim Betreten von Bahundanda eingefangen hatte, auf einen jungen Menschen, der immer hier lebt, doch sehr erdrückend wirken kann. „Ja“, antwortete Rupa zu meiner Überraschung, „es ist schön hier, schau dir all die armen Menschen in der Stadt an. Bist du dort gewesen? In Pokhara oder Kathmandu?“ – „Ja ich war dort“, antwortete ich, die Bilder aus Sodom und Gomorra vor Augen. „Dann weißt du was ich meine“, sagte sie. Ich wusste, was sie meinte und war während des weiteren Gesprächs mit Rupa mehr und mehr von dem Selbstbewusstsein dieser jungen Frau überrascht. „Gehst du auch manchmal zum Tanzen, oder so?“ – „Es ist ja nichts los, manchmal haben wir ein kleines Fest in einem der umliegenden Dörfer“, antwortete sie mit einem Seufzer. Wir sprachen auch über Ehe und Partnerschaft. Rupa hatte davon gehört, dass es in westlichen Ländern viele Ehescheidungen gibt und wollte mehr darüber wissen, doch dann musste sie ihre Mutter in der Küche ablösen. Während Rupa in der Küche zu Gange war und mir ein Essen kochte, brachte ich meine Sarangi in eine offene C-Dur-Stimmung. Ich war gerade damit beschäftigt, den Grundton zu finden, als aus der Küche Gesang erklang. Ich schaute bei Rupa herein und sagte: „Schade, dass ich nicht eines meiner anderen Instrumente dabei habe, sonst würde ich dich beim Singen begleiten.“ Rupa lachte und winkte mich zu ihr in die Küche herein. Das Essen brutzelte in einer Pfanne auf dem Herd.

Beim Goldschmied

Rupa aus Bahundanda

Rupas Mutter in der Küche

Am Küchenherd ist es gemütlich

Wir setzten uns auf einen kleinen Holzschemel, schauten in die Flammen und schmiegten uns aneinander. Von Zeit zu Zeit rührte meine Köchin das Essen um, während ich mich als Schürmeister betätigte und einige Holzscheite nachlegte. Die züngelnden Flammen luden zum Träumen ein und so ging jeder seinen Gedanken nach. Da sagte Rupa:
„Bei euch ist alles ganz anders, warum werden so viele Ehen in Deutschland geschieden?" – „Schwer zu sagen", antwortete ich nachdenklich, „… weil sich die Partner irgendwann nicht mehr richtig gern haben. Lieben ist eine große Kunst. Ich finde es aber gut, dass es die Möglichkeit einer Scheidung bei uns gibt. Früher war das nicht so, die Frauen waren in der Partnerschaft oft unterdrückt, doch im Laufe der Entwicklung zu einer demokratischen Zivilisationsgesellschaft wurde alles viel freiheitlicher bei uns.
Ich versuchte Rupa die westliche Auffassung mit einfachen Worten zu erklären.
Sie hörte mir kritisch zu, dann meinte sie: „Bei uns geht man heiraten und es bleibt dabei. Das ist viel schöner."
Der Traum der meisten nepalesischen Mädchen ist es, glücklich verheiratet und versorgt zu sein. Sie sehen in der Mutterrolle und der Familie ihre Aufgabe. Frauen gelten in der Tradition der asiatischen Gesellschaft weit weniger als Männer, müssen mehr arbeiten und bekommen weniger Lohn. Wenn ein Mädchen verheiratet wird, darf der Bräutigam von den Brauteltern eine Mitgift verlangen, nicht aber umgekehrt. Ein Scheidungsrecht gibt es faktisch nicht. Wird eine Frau von ihrem Mann verstoßen, oder stirbt der Mann früher, so führen die Frauen oft ein bemitleidenswertes Leben am Rande der Gesellschaft.
Nach dem Essen saßen wir auf einer Bank vor der Lodge. Es war dunkel geworden und die große Muttergöttin hatte die Sichel des silbernen Mondes über den Berg geschickt. Der Nachtvogel war wieder da und das Gebell der Hunde begann zu verstummen.
Ich hätte Lust gehabt, mit Rupa noch einen kleinen Abendspaziergang zu machen, aber sie schlug das Angebot aus und meinte: „Lieber nicht, wenn die Leute uns sehen, dann reden

sie über uns. Morgen früh muss ich um 6 Uhr aufstehen und zum Gottesdienst in den Tempel gehen." – „Ach so, wie schade." – „Soll ich dir ein Frühstück machen morgen früh?" – „Ich trinke nur einen Tee und nehme noch ein wenig ‚Tschapati'* mit auf den Weg."
Ich wünschte Rupa eine gute Nacht und drehte noch eine Runde durch die Puppenstube von Bahundanda, dann zog ich mich zur Meditation und zur Abendruhe zurück.

Ein Schüler fragte einmal seinen Meister: „Meister, warum hat Gott die Welt und den Menschen erschaffen, wenn er doch zuvor in seiner Vollkommenheit ruhte?" Darauf der Meister: „Das ist eine gute philosophische Frage, wir wollen bis morgen darüber meditieren."
Am nächsten Tag kam der Schüler wieder zu seinem Meister und erwartete eine Antwort, aber der Meister meinte, dass schon viele Philosophen und Gelehrte sich darüber den Kopf zerbrochen hätten, wobei noch keiner eine richtige Antwort gefunden hätte. Man müsse noch weiterhin darüber meditieren und es brauche noch einige Zeit, um die Wahrheit herauszufinden.
So ging der Schüler 12 Tage mit der gleichen Frage zum Meister, aber er bekam nie eine Antwort. Am dreizehnten Tag bat der Schüler darum, seine eigene Meinung sagen zu dürfen, denn er meinte, selbst eine Antwort gefunden zu haben. Der Meister sagte:
„Nun rede, mein Sohn! Ich will deine Meinung hören." Da sprach der Schüler:
„Gott schuf den Menschen, weil er nicht allein sein wollte. Er schuf ihn aus seinem freien Willen und er stattete den Menschen ebenfalls mit einem freien Willen aus. Dann stellte er den Menschen in die Welt hinein und sah, dass es gut war."
Da antwortete der Meister: „Du hast weise gesprochen, mein Sohn, jetzt weißt du, warum ich dich 12 Tage habe darüber meditieren lassen." (mdl. überliefert)

Viele Leute glauben, dass Meditieren eine unnütze Sache ist, aber das Gegenteil ist der Fall.
Meditieren ist notwendig, wenn sich der Mensch von Inkarnation zu Inkarnation weiterentwickeln will. Hat man sich in einem vorherigen Leben

---

* Tschapati: Teigfladen

gutes Karma erworben, zählen zu den Früchten im nächsten Leben, dass man in ein geeignetes Umfeld hineingeboren wird, um auf seinem Lebensweg weiter voranzuschreiten, schlechtes Karma aufzulösen und die tieferen Dinge im Leben zu erkennen beginnt. Die Chance der Weiterentwicklung besteht nur im irdischen Leben, nicht aber in den Zwischenräumen des Bardo. In den modernen Wohlstandsgesellschaften erkennen viele Menschen diese Chance nicht, sie nutzen ihre Freiheit nicht, um sich weiterzuentwickeln, sondern gehen ihren Vergnügungen nach und hängen vergänglichen Dingen an. Sie sind den Dingen des Scheins und des Samsāra (Kreislauf von Geburt und Wiedergeburt) verhaftet. Manche Leute machen Yoga ohne irgendeine Spiritualität, einfach nur, um abzuschalten und gesund zu bleiben. Diese Beweggründe sind aber nicht edel genug, um sich entschieden weiterzuentwickeln und zu vervollkommnen.

Am Anfang jeder Meditation und jeder Yogaübung sollte Demut stehen, der Gottheit oder der Schöpfung gegenüber. Demut muss uneigennützig sein. Ich darf nicht denken, ich diene und werde dann belohnt. Ich darf auch nicht dienen, mit der Absicht, in den Himmel oder in das Nirwana zu kommen. Ich muss denken: Ich diene, ohne etwas zu erwarten, meinem Schöpfer, meiner Gottheit, meinem Nächsten, ja sogar meinen Feinden gegenüber. Wer das begriffen hat und in die Tat umzusetzen vermag, ist auf dem besten Weg, sich zu einem göttlichen Wesen zu entwickeln.

Nach der christlichen Lehre des Apostel Paulus und des Reformators Martin Luther kommt der Mensch in den Himmel durch den Glauben an Jesus Christus. Durch Glauben und gute Taten, so heißt es in Luthers „Rechtfertigungslehre", in der er sich auf Paulus beruft, wird die Vorstellung abgeleitet, nach dem Tod das Himmelreich erwerben zu können.

Diese Auffassung widerspricht offensichtlich allen Erfahrungen der Yogis und Mystiker. Gute Taten bewirken in erster Linie ein gutes Karma in diesem oder einem nächsten Leben. Der Glaube geht selbstverständlich der Meditation erst voraus. Der Yogi, der Mystiker oder der auf dem Weg zur Wahrheit suchende Geheimschüler wissen ab einer gewissen Entwicklungsstufe um die bewusste, göttliche Gabe von Prana oder heiligem Geist in der Meditation, darüber hinaus eröffnet sich ihnen über die Intuition ein Weg übersinnlicher Erkenntnis. Befreiung aus dem Daseinskreislauf des Samsāra und den Einzug ins Nirwana erreichen sie durch die Erleuchtung, einem praktischen Vorgang, auf den ich noch zu sprechen kommen werde.

Die Gottheit offenbart sich

2. Etappe: Bahundanda – Tal

Ich hatte meine Sarangi in eine offene C-Stimmung gebracht und strich mit dem Bogen noch einmal das tiefe C an. Es war nicht einfach, das Instrument in eine ordentliche Stimmung zu bringen. Jetzt wickelte ich es gut gestimmt in ein Tuch und verstaute es in meinem Rucksack. Rupa kochte mir einen „Nepali-Milktea“ und verpackte die Teigfladen, die ich bestellt hatte, in Zeitungspapier, damit ich sie als Proviant mitnehmen konnte. Dann bezahlte ich meine Rechnung, gab Rupa ein ordentliches Trinkgeld und fragte: „Haben wir beide heute Morgen den gleichen Weg? Wo liegt dieser Tempel?“ Rupa deutete auf einen Berg und sagte: „Ach, das ist ganz da oben, zwei Stunden zu Fuß von hier.“ Ich hatte keine Eile an diesem Morgen und sah darin die Möglichkeit eines kurzen Abstechers und die Gelegenheit, endlich mal einen hinduistischen Gottesdienst zu besuchen. In Kathmandu hatte ich es schon einmal versucht, wurde aber von einem Tempelwächter rausgeschmissen, denn die Tradition gebietet mancherorts, dass nur Hindus das Heiligtum des Gottes Shiva betreten dürfen. „Hier auf dem Lande“, dachte ich, „ist bestimmt nicht alles so streng.“ Also fragte ich: „Nimmst du mich mit in den Gottesdienst? Ich würde gerne mit dir gehen.“ In diesem Moment erschien Rupas Mutter. Sie hatte unser Gespräch von der Küche aus mitbekommen und warf Rupa einen strengen Blick zu. „Ach“, sagte Rupa verlegen, „du hast einen ganz anderen Weg.“ Sie ging nicht näher auf meine Frage ein, ich hatte aber das Gefühl, dass sie gerne mit mir zusammen gegangen wäre, wenn nicht gewisse veralterte Konventionen ihr ein schlechtes Gewissen verursacht hätten. Ich ließ es gut sein und hakte nicht noch einmal nach, verstaute meinen Proviant, schulterte meinen Rucksack und stand gesattelt im Eingang, um mich zu verabschieden. „Wirst du wieder kommen?“, fragte Rupa. „Nein, wir werden uns nicht wiedersehen, aber ich schicke dir ein paar Fotos von dir und deinem Dorf.“

Dann verneigte ich mein Haupt, faltete meine Hände und sagte „Namasté!“, was so viel heißt wie „Guten Tag“ und „Auf Wiedersehen“. Eine Umarmung oder ein kleiner Kuss unter Freunden, wie es bei uns zu Hause üblich ist, wäre völlig unangebracht gewesen.
Zärtlichkeiten jeglicher Art sind in der Öffentlichkeit verpönt. Ich erinnere mich, selbst in großen Städten wie Kathmandu oder Delhi, nicht ein einziges Mal ein richtiges Liebespaar gesehen zu haben. Ist das nicht ein wenig traurig?
Mein Weg an diesem Morgen verlief steil den Berg hinunter zum Tal des Marsyandi. Der Abstieg ging in die Knochen. Um die Gelenke zu schonen und um mich beim Wandern etwas abstützen zu können, machte ich Halt und brach mir aus dem Geäst am Wegesrand einen Stock, den ich zum Wanderstab umfunktionierte. An einer Quelle verweilte ich, aß meine Teigfladen, schnitzte an meinem Stock herum und labte mich an dem frischen Quellwasser.
Mein Weg verlief bergauf und bergab an diesem Morgen, aber im Ganzen stieg die Strecke an. Bisweilen durchquerte ich ein kleines Dorf oder machte in einer Lodge Rast. Beim Anstieg, kurz vor Jagat, war mir ein Wanderer auf den Fersen. Seine Kleidung verriet mir, dass er aus dem Westen kommen musste. Irgendwann war er mit mir auf gleicher Höhe. Wir redeten miteinander und nachdem wir unsere Herkunft zu erkennen gegeben hatten, konnten wir das Gespräch in unserer Muttersprache fortsetzen, denn Edgar war aus Österreich. Er wollte wie ich, allein und ohne Begleiter, den Annapurna umrunden. Wir wanderten ein Stück zusammen und erzählten miteinander: „Das ist Glimmer“, sagte ich, indem ich auf einen silbern glänzenden Stein am Wegesrand zeigte. „Wird Glimmer abgebaut?“, fragte ich meinen österreichischen Weggefährten. Er meinte fachkundig: „Ja, aber selten, das einzige Bergwerk, wo Glimmer abgebaut wird, liegt bei uns in Kärnten. Aus dem Material werden Lacke hergestellt. Sogar die Golden Gate-Bridge haben sie damit gestrichen.“ Ich dachte darüber nach, ob diese Steine vielleicht auch zu irgendwelchen Kultzwecken verwendet würden. In manchen Mythen und Göttererzählun-

gen ist von silbernen Steinen die Rede. In der Mystik beinhaltet die Farbe Silber verschiedene Aspekte: Silbernes Wasser ist das Symbol für Kälte und der silberne Mond ein Symbol der Weiblichkeit.

In dem buddhistischen Dorf Jagat machten wir eine gemeinsame Mittagspause und beobachteten bei einem Glas Bier und einem kleinen Imbiss das Treiben der einheimischen Bevölkerung. Wir sahen glückliche Gesichter und bunt gekleidete Frauen, die sich um ihre Babys kümmerten, diese stillten und die kleinen Nackedeis mit Öl massierten. In einer Ecke saß ein Mann und schnitzte Pfeile für seinen Schießbogen. Ich wollte wissen, ob er sie zur Jagd benütze und fragte nach. Er erklärte mir, dass das Pfeil-und-Bogen-Schießen eine große Tradition hier sei, demnächst wäre ein Volksfest und dann müssten die Schützen gegeneinander antreten.

Zugegeben, diese Menschen trugen meist keine Schuhe, waren ärmlich gekleidet und hatten mit Sicherheit nicht viel Geld zum Leben, aber ihre gelassene Art und ihr Müßiggang im Alltag riefen in mir Bewunderung hervor.

Edgar und ich trennten uns wieder. Der Weg führte nun an kleinen Wasserfällen vorbei, stetig bergauf, die Natur war üppig und ich durchwanderte die, für die Gegend typischen, immergrünen Wälder. Zweimal noch kam ich durch ein kleines Dorf, wo ein Brunnen oder ein Stupa zum Verweilen einlud. Ich drehte fleißig die Gebetsmühlen, an denen ich vorbei kam, und grüßte freundlich die Leute, die mir begegneten.

Hinter Chamje gelangt man über eine Hängebrücke auf die andere Seite des Tales. Die Brücke machte einen renovierungsbedürftigen Eindruck. Ich ging vorsichtig bis zur Mitte, blieb auf der Brücke stehen und schaute aus geringer Höhe in die tosenden und schäumenden Fluten. Wie eine giftige Schlange, die bei Gefahr einem Menschen mit ihrem Zischen Furcht einzujagen vermag, so schien mir der Flussgott mit den Gischt aufschäumenden Wassermassen eine letzte Warnung entgegenzubringen.

Entlang des Flusstals

Vater und Sohn

Doch ich fürchtete mich nicht, ging sicheren Schrittes weiter und erreichte das andere Ufer. Das Tal wurde schluchtartig und verengte sich immer mehr. Es zeichnete sich ein steiler Anstieg ab. Der Weg verlief ziemlich nah am Ufer des Marsyandi. Rechts und links ragten Felsen in gigantische Höhen. Plötzlich kam ganz unerwartet ein Gewitter auf. Ich war so überrascht, dass ich noch nicht einmal Zeit hatte, meinen Regenponcho auszupacken. Wie gerufen, erblickte ich rechts des Weges eine kleine Höhle. Dorthin rannte ich, um mich unterzustellen. Als ich gerade daran ging, mir aus meinem Rucksack eine geeignete Sitzunterlage zu holen, huschte vor meinen Augen eine Schlange in eine Felsnische. Ich hatte sie durch mein Kommen aufgeschreckt. Sie machte mir aber keine Angst, denn sie war höchstens 80 cm lang. Ich wollte noch schnell ein Foto von ihr machen, doch da war sie schon verschwunden. Vielleicht hätte ich sie mit meinem Stab am Schwanz kitzeln sollen, dann wäre sie sicherlich geblieben und hätte sich ausgestreckt. Denn so sprach Gott zu Mose:

„Mache dir eine eherne Schlange und richte sie an einer Stange hoch auf. Wer gebissen wird und sieht sie an, der soll leben!“ (4 Mose 21,8)

Es begann kräftig zu regnen. Ich saß am Eingang der Höhle und schaute dem Unwetter geduldig und voller Aufmerksamkeit zu.

In den alten Naturreligionen war die Höhle ein besonderer Ort der Initiation. Man begab sich nach Auffassung damaliger Kulturen in die Erde hinein, um die Erdgöttin anzurufen und mit ihr in der Meditation bildhaft zu verschmelzen.
Im Königreich Mustang (autonomes Gebiet im nördlichen Nepal) gibt es auf halbem Weg von Kagbeni nach Lo Manthang eine Höhle, die von einem alten Lama bewacht wird. Es heißt: „Wer dort in der Dunkelheit meditiert, dem tritt die Muttergöttin leibhaftig aus den Wänden entgegen.“
Auch unter den Völkern, die die Dolmen erbauten, gab es einige, die mit dem Errichten von Dolmen keine Grabstätten schaffen wollten, sondern

eher eine Art Tempel zur Meditation und Initiation in vollkommener Dunkelheit.
Selbst die kleinen, frühchristlichen, fensterlosen Kirchen des 7. Jahrhunderts, so genannte Oratorien, wie man sie heute in Museumsdörfern auf Dingle in Irland bewundern kann, haben mit ihren winzig kleinen Eingängen mehr den Charakter einer Initiationsstätte als einer Kirche im üblichen Sinne.
Worin liegt nun der Sinn dieser Riten und Initiationsrituale?
Es liegt dahinter verborgen das Mysterium des Todes. Nach den Erkenntnissen der Mystiker wird die Seele bei einem Verstorbenen zunächst durch das göttliche Licht geweckt. Noch aber ist der Ätherleib, der Träger des Bewusstseins, in der verstorbenen Hülle des physischen Körpers gefangen, wie in einer Höhle. Seine ätherischen Sinne erfahren die Phänomene der „Primärelemente" Erde, Wasser, Feuer, Luft in völliger Dunkelheit. Der normale Sterbliche, der sich nicht meditativ auf diese Phänomene vorbereitet hat, wird sich in der Regel vor diesen Dingen fürchten. Lässt er sich ablenken und schafft er es nicht, das Bewusstsein aufrecht zu erhalten und sich auf das klare, göttliche Licht zu konzentrieren, ergreifen ihn die karmischen Winde und er wird wie ein Blatt im Wind in den Daseinskreislauf getrieben.*

So verweilte ich in dieser Felsnische etwa eine halbe Stunde und vertrieb mir die Zeit mit meditativen Betrachtungen und einer kleinen Lektüre aus der Bhagavadgita.
Immer wieder kamen Windböen auf, dazu machte Brahmā mit einem krachenden Donnern oder einem tiefen Grummeln auf sich aufmerksam: Brrrrrrraaaaaah, Brrrrrrraaaaaah …
Es hörte auf zu regnen und sogleich zog es mich wieder auf den Trail. Ich wollte doch nicht in einer finsteren Höhle übernachten. Doch die Wolken zogen immer noch dunkel und finster durchs Tal. Ich marschierte strammen Schrittes weiter und stieg den Wolken immer mehr entgegen. Kein Mensch und keine Mulikarawane begegneten mir. Es war richtig un-

---

* Vgl. hierzu: Das tibetanische Totenbuch; Die Chymische Hochzeit des Christian Rosenkreuz; Novalis Gleichnis vom Bergmann in: Heinrich von Ofterdingen – Erster Teil: Die Erwartung; und Platons „Höhlengleichnis"

heimlich in dem engen von Wind und Wolken durchzogenen Tal. Auf einem Felsen im Flussbett sah ich eine Vulva der großen Muttergöttin. Nach einigen hundert Metern Anstieg kam ich keuchend und außer Atem zu einem kleinen Unterstand.
In diesem Moment setzte ein wahrer Wolkenbruch ein und ich war froh, gerade jetzt unter der kleinen, mit Bambus gedeckten Bedachung, Schutz gefunden zu haben. Die kleine Hütte lag auf einem Felsvorsprung. Ich setzte mich zur Meditation hin und begann zu beten. Unter mir die tosenden Fluten des Marsyandi, rechts und links von mir tausend Meter aufragende Felsen, über mir finstere Wolken und die Stimme des Donnergottes: Brrrrrraaaaah ... Brrrrrraaaaah ... Nicht weit entfernt ein großer Felsen, der wie ein Lingam hundert Meter in die Höhe stieg. Ich hätte mich eigentlich fürchten müssen und denken können: „Du sitzt wie eine Zielscheibe auf diesem Felsen, wehe wenn hier der Blitz einschlägt." Doch im Gegenteil, mein Herz war voller Freude, weil ich diese Naturphänomene so hautnah und lebendig erleben durfte.

Am späten Abend kam ich endlich nach Tal, nachdem ich noch etwa zwei Stunden durch die enge Schlucht des Marsyandi gewandert war. Wie ein verlassenes Goldgräberdörfchen kam mir der Ort vor, von wenigen Leuten bewohnt, verschlafen in der Abenddämmerung. Ich durchschritt den markanten Torbogen des Dorfeingangs, auf dem zu lesen stand, dass ich mich jetzt im Bezirk Manang befand. Viele angebundene, von ihrer Last befreite Mulis säumten meinen Weg, als ich die durch Morast und Schlamm aufgeweichte Hauptstraße entlang schritt. Am Ende des Dorfes kehrte ich in einer Lodge ein, die von außen einen sauberen und adretten Eindruck machte. Beim Betreten der Räumlichkeiten stieß ich auf Edgar aus Österreich und vier junge Bergwanderer aus Israel, die gerade beim Abendessen waren. Ich erkundigte mich nach einem Zimmer und bekam eine Stube gezeigt, die meinen Ansprüchen genügte. Sie hatte zu beiden Seiten ein Fenster. Aus dem einen schaute ich auf den Fluss, aus dem anderen auf einen Berg mit Wasserfall und einem Stupa.

Vulvaähnliche Felsformation

lingamähnlicher Felsen

Mulis in Tal

Nachtlager in einer Lodge

Nach dem Abendessen fragte ich einen einheimischen Dorfbewohner nach der Herkunft des Ortsnamens, aber er konnte mir keine Auskunft geben. Die Sprachverwandtschaft über das Sanskrit zum Deutschen ist nicht abwegig. „Tal" liegt sehr markant in einem Tal und ich glaube nicht, dass der Name ein Zufall ist.

Im 2. Jahrtausend, ab ca. 1750 vor Christus drangen die hellhäutigen Arier (wörtlich: die Edlen) aus Zentralasien in das Gebiet des heutigen Nepal und Nordindiens ein. Ihre Priester nannten sich Brahmanen, sie sprachen vedisch und gaben die Heiligen Verse der bereits erwähnten Veden über einen Zeitraum von mindestens 1000 Jahren zunächst mündlich weiter, bis sie dann in Sanskrit aufgeschrieben wurden.
Ob die Arier die dunkelhäutigen Drawiden Indiens tatsächlich unterwarfen und unterjochten, wie oft behauptet, und ob daraus das Kastensystem entstanden ist, bleibt historisch ungeklärt.
Lange Zeit glaubte man, dass die Drawiden die Ureinwohner Indiens gewesen wären. Nach neusten wissenschaftlichen Untersuchungen aber, sollen die Drawiden erst nach den Ariern, über den Seeweg vom Irak kommend, den Subkontinent besiedelt haben.
Im 19. Jahrhundert befassten sich erstmals Sprachforscher mit der grammatischen und phonetischen Verwandtschaft der altindischen Sprache und dem Sanskrit. Sie verglichen sie mit den alt-europäischen Sprachen, dem Keltischen, dem Gotischen, dem Lateinischen, dem Alt-Griechischen und den jüngeren europäischen Sprachen wie Deutsch und Englisch. Die Wissenschaftler stellten fest, dass viele gemeinsame Idiome vorhanden sind, und so entstand die These von einer gemeinsamen Ursprache in ferner Vergangenheit. Diese nannten sie zunächst die indogermanische Sprache. Später setzte sich die Meinung durch, dass der Ursprung einer solchen Sprache bei den Steppenvölkern nördlich des Schwarzen Meeres zu suchen ist und es entstand der Begriff: „indoeuropäische Sprache". Ob eine Ursprache jedoch jemals existiert hat, ist bis heute umstritten, manche behaupten sogar, es könnte genauso gut umgekehrt gewesen sein, dass die einzelnen Sprachen nicht durch Aufspaltung einer Muttersprache entstanden sind, sondern dass sich Sprachen verschiedenen Ursprungs phonetisch und grammatisch einfach nur angeglichen hätten.

Eine dritte Möglichkeit wäre, dass gewisse synonyme Sprachphänomene gleichzeitig ohne gegenseitige Beeinflussung archaisch aufgetaucht sind.

Nach dem Abendessen machte ich einen Spaziergang durchs Dorf und schaute mir die Kultstelle am Wasserfall an. Auf einem Hügel stand ein kleiner einfacher Stupa, der mehr einer Steinsäule ähnelte als einem Chörten. Er war umrundet mit Stangen und Gebetsfahnen. Sie waren aber nicht wie üblich bunt, sondern weiß und unbeschriftet. Wie ich später erfahren habe, bestand hier schon vor ewigen Zeiten ein Erd- und Wasser-Heiligtum der großen Muttergöttin. Die Menschen kamen hier her, um ihre Gebete, Sorgen und Wünsche an sie zu richten.
Ich hatte es mir in meinem Zimmer gemütlich gemacht, eine Kerze angezündet und nach meiner Sarangi geschaut. Ich fand einen weiteren Ton der Tonleiter, das G. Ich übte ein wenig, strich mit dem Bogen über die Saiten oder zupfte die beiden Saiten als Zweiklang an. Dann las ich in der Bhagavadgita den „Gesang des Erhabenen“:

Nie war die Zeit, da ich nicht war und du und dieser Fürsten Schar.
Nie kommt der Tag, da wir nicht sind, im Lauf der Zeit, herbei fürwahr.
Denn wie die Seele jetzt im Leib zum Knaben, Jüngling, Greise wird,
So lebt sie auch im neuen Leib, das glaubt der Weise unbeirrt.
Verbindung mit dem Stofflichen schafft Glut und Kälte, Lust und Schmerz,
Die gehn und kommen dauerlos, ertrage sie mit starkem Herz,
Denn wer sie duldet unberührt, wer standhaft ist in Freud und Leid,
Wer gleich sich bleibt zu jeder Frist, der reift für die Unsterblichkeit.
Nie wird das Nichtsein wesenhaft und wesenlos wird nie das Sein.
Des Seins und Nichtseins Unterschied sieht jeder Wahrheitskundge ein.
Es bleibt der Urgrund ewiglich, von dem dies All ist ausgespannt,
Zunichte werden kann er nicht, denn er hat ewigen Bestand.
(Krishna, Zweiter Gesang, 12 – 17)

Ich hatte sehr viele wunderschöne Naturerlebnisse an diesem zweiten Tag meiner Wanderung und auf meinem neuen Instrument hatte ich gelernt, das C und das G als Zweiklang zu spielen.

Ich legte mir nun in Gedanken einen Plan zurecht, um streng methodisch über die Zahl zwei zu meditieren.

Seit vielen Jahren praktiziere ich Meditation als eine Kombination aus alter christlicher Mystik und bestimmten Yoga-Techniken. Der imaginativen Methode gehen praktische Übungen, Gebete und Danksagungen voraus. Nachdem sich der Zustand des Samadhi* eingestellt hat, stelle ich den Aspekt, über den ich meditieren will, gedanklich in den Raum und versuche über Intuition und über das höhere Selbst, Antworten auf meine Fragen zu bekommen.

Was ist das kosmische Geheimnis der Zahl „2"?

Das kosmische Geheimnis der Zahl „2" ist das Geheimnis um die Zusammensetzung des **gesamten** *Universums, der „Res extensa", der ausgedehnten Materie, und der „Res cogitans", der Welt des Geistes, der Welt der Ideen, des Nirwana.*

Was ist die verborgene Wahrheit über Gott in Bezug auf die Zahl „2"?

*In den altindischen Schriften, den Veden, wird deutlich auf den immer da gewesenen Urgrund, die erste und letzte Instanz hingewiesen. Dieser Urgrund ist namenlos, zeitlos, ein „Es", der Ursprung allen Seins, die absolute Transzendenz und Vollkommenheit, das alles Denkende und Liebende, die substantielle und bewirkende Ursache von allem, was ist. Das „Es" ist vergleichbar mit dem keltischen Allgott Dagda, dem Herr des Kessels (Symbol für Geburt und Wiedergeburt) und der Harfe (Symbol für die Erschaffung der Welt aus dem Klang, dem Urgrund allen Seins). Das „Es" ist identisch mit dem „En Sof" der Kabbalisten, dem Gott ohne Ende, symbolisch die Zahl „**0**".*

Aus dem Urgrund, dem Weltenei, bildeten sich verschiedene Emanationen, die zum Teil androgyn sind, wie im frühen Vishnuismus, an anderer Stelle wieder männlich demiurgisch.

Androgyne Gottheiten finden sich auch in keltischen und germanischen Mythen und sogar in Mose 1,1 – 2,4.

---

* Samadhi: höherer Bewusstseinszustand

Der Demiurg ist der Baumeister des physischen Universums und hat Einfluss auf die Zwischenwelt, das Jenseits oder Bardo, aber nicht auf die Welt der Ideen und des Nirwana. Er ist Teil des Urgrunds und von ihm abhängig, nicht selbständig, nicht vollkommen, an Raum und Zeit gebunden. Sein Körper ist der Leib des physischen Universums, entstanden aus dem Willen des Allerhöchsten, gehaucht durch eine winzige Pore, durch ein winziges schwarzes Loch, höchstens so groß wie ein Nadelöhr. Er ist bildhaft gesprochen die äußere Schale des Welteneis, das physische Universum. Diesen Demiurgen finden wir auch in Genesis 1. Mose, 2,5 ff.
Es ist in der Bibelforschung mittlerweile unbestritten, dass es sich hier um einen ganz anderen Schöpfungsbericht handelt als in Mose 1,1 – 2,4.

Aus diesem Dualismus, zwischen einem rein geistigen Urgrund, einem verborgenen Gott, der keinen Namen hat und andererseits einem demiurgischen Schöpfergott, der viele Namen kennt und viele Aspekte im wahrsten Sinne des Wortes „verkörpert", entspringt das ganze Universum, die ganze Schöpfung und alles Sein.
Vergleichen wir diesen Dualismus mit dem Schöpfungsbericht Platons, wie er ihn uns in einem seiner Hauptwerke „Timaios" wiedergibt, so ergeben sich viele auffällige Parallelen. Und gerade hier findet sich das tradierte pythagoreische Weltbild wieder; die bereits mit anderen Kulturkreisen übereinstimmende Kosmologie, seine Lehre der Seelenwanderung, die Zusammensetzung des menschlichen Körpers und seines Wesens.

Was ist das Geheimnis der Zahl „2" in Bezug auf den Menschen?
Das Geheimnis der Zahl „2" in Bezug auf den Menschen liegt verborgen in seinem Wesen. Vor ewigen Zeiten lebte der Mensch in einer paradiesischen, außerirdischen Welt, in einem glückseligen, aber unbewussten Zustand. Er hatte einen feinstofflichen Körper. Dieser Körper war androgyn, also zweigeschlechtlich, und hatte die Form einer Kugel. Beim Sturz in die Materie teilten sich die Eigenschaften der Androgynität und es entstanden die physischen Körper von Mann und Frau. Die Seele des Menschen aber blieb zweigeteilt. Seitdem hat jeder Mann und jede Frau einen Animus und eine Anima. Der Sinn des irdischen Daseinskreislaufs ist es, mitunter diese beiden Seelenpole in ein Gleichgewicht zu bringen und eine eigenständige Persönlichkeit zu entwickeln.

Wie eine Zelle, die sich durch Teilung vermehrt, wird im Laufe einer Evolutionsperiode aus der „1" die „2".
Durch einen kontinuierlichen Sturz in die Materie spielt sich dieser Prozess ab. Im irdischen Daseinskreislauf wird der Mensch begleitet von der Sehnsucht nach seiner verlorenen Dualseele, von der Sehnsucht nach Vollkommenheit in Glückseligkeit und Harmonie. Es ist im Schöpfungsplan aber nicht vorgesehen, dass zwei Dualseelen wieder zusammenkommen und eins werden, sondern es ist vorgesehen, dass der Mensch aus eigener Kraft mit Hilfe der alles umfassenden göttlichen Gnade seinen zukünftigen Körper, den feinstofflichen, morphogenetischen Kausalkörper gebiert, formt und in das Nirwana, den Urgrund allen Seins, zurückkehrt. Dieser Prozess ist mit dem Erringen von Erkenntnis, dem Entwickeln des feinstofflichen Körpers und der Erfahrung der Erleuchtung verbunden.
Der feinstoffliche Kausalkörper ist die Form oder der Träger der zukünftigen ausgeglichenen Geistseele, die sich in ihren beiden Fähigkeiten universell denkend und universell liebend ausdrückt. Der Kausalkörper wird keine Merkmale von Geschlechtlichkeit aufweisen, er wird weder androgyn sein noch eingeschlechtlich, sondern geschlechtsfrei und rein ätherisch.

(Vgl. hierzu: Genesis 1. Mose 1,27; Thomas Evangelium: Vers 22, [siehe nachfolgend]; Platon, Timaios und das Gleichnis von den Kugelmenschen in: Das Gastmahl; Omram Mikhael Aivanhov: Das kosmische Gleichgewicht; Dion Fortune: Das karmische Band; Tantrismus und Shivaismus: Abbildungen und Beschreibungen, in denen Shiva androgyn dargestellt und beschrieben wird; Gralssage: Parzival erkennt seinen Bruder Feirefiz an den Elsterfarben schwarz und weiß. Die 7000 Jahre alte „Doppelwesen-Statuette" von Gomolava der Vinĉa-Kultur.)

Es sprach Jesus zu ihnen so: Wenn ihr zwei zu eins macht und wenn ihr den inneren Teil wie den äußeren Teil und wenn ihr den äußeren Teil wie den inneren Teil und den oberen wie den unteren Teil (macht) und wo ihr das Männliche und das Weibliche zu einem Einzigen macht, damit **nicht** *das Männliche männlich und das Weibliche weiblich bleibe; wenn ihr macht das (dritte) Auge statt eines Auges und Hände statt einer Hand und Füße statt eines Fußes und Bilder statt eines Bildes, dann werdet ihr hineinkommen (in das Himmelreich).*
(Thomas, Vers 22)

Heiliger Hain an einem Wasserfall

Buddhistisches Gebetsbuch

Drei Räder und ein tanzender Shiva

3. Etappe: Tal – Chame – Teleku
Morgens um 7 Uhr nahm ich im Speisesaal meiner Lodge ein kleines Frühstück zu mir, während in einer Ecke des Raumes zwei buddhistische Mönche auf ihren Decken saßen und aus ihren Gebetsbüchern das Dharma* rezitierten. Manchmal kam die Wirtin vorbei und schenkte ihnen aus einer Thermoskanne Tee ein. Dann machten sie eine kurze Pause, nippten an ihren Tassen und fuhren fort, ihre Liturgien herunterzuleiern, ohne ein Wort gegenseitiger Absprache miteinander getroffen zu haben. An der Tür hing ein Tuch mit einem Mandala des achtspeichigen Rades und einem Triskell, einer Dreierspirale in der Radnabe.

Im Buddhismus symbolisiert es:
Das Rad der Lehre *(Dharma-Chakra),* den *achtfachen Befreiungspfad* (Ashtangika-Marga) zur Erlösung des Leidens, deren Tugenden und Disziplinen da wären:

1. Vollkommene Erkenntnis
2. Vollkommener Entschluss
3. Vollkommene Rede
4. Vollkommenes Handeln
5. Vollkommener Lebenserwerb
6. Vollkommene Anstrengung
7. Vollkommene Achtsamkeit
8. Vollkommene Sammlung

Diese Tugenden könnte man auch als Tugenden der praktischen Anwendung bezeichnen.
Damit einher geht die Meditation in den *acht Stufen der Sammlung* (Ashta-Vimoksha) bzw. den acht Überwindungen (Abhibhāyatana).

---

* Dharma: verschiedene Bedeutungen, hier: die Lehre des Buddha und Verhaltensnormen, ethische Regeln.

Die *acht Stufen der Sammlung* sind:

1. Erkennen von Formen im Inneren und Äußeren
2. Erkennen von Formen im Äußeren, nicht aber im Inneren
3. Wahrnehmen von Schönem, wobei keine Gier nach Schönem entsteht
4. Erlangen des Gebietes der Unendlichkeit des Raumes
5. Erlangen des Gebietes der Unendlichkeit des Bewusstseins
6. Erlangen des Gebietes des Nichts
7. Erlangen des Gebietes der Weder-Wahrnehmung-Noch-Nichtwahrnehmung
8. Erlöschen von Wahrnehmung und Gefühlen

Nach der Überlieferung soll das Rad der Lehre (Dharma-Chakra) dreimal in Bewegung gesetzt worden sein:
1. Nach Buddhas erster Lehrrede in Sārnāt und der Entstehung des Theravāda-Buddhismus (Kleines Fahrzeug)
2. Durch die Entstehung des Mahāyāna-Buddhismus (wörtlich: Großes Fahrzeug) im 1. Jh. v. Chr.
3. Durch das Aufkommen des Vajrayāna-Buddhismus (Diamant-Fahrzeug) im 5. Jh. n. Chr.
Diese Bewegungen oder Strömungen symbolisiert die Dreierspirale in der Radnabe.

Das Rad der Lehre darf nicht verwechselt werden mit dem sechsspeichigen ***Rad des Lebens*** *(Bhava-Chakra).* Abbildungen davon sind im Eingangsbereich fast aller tibetisch buddhistischen Klöster zu sehen und haben eine ganz andere Bedeutung:
Es ist ein Spiegel, in dem der Mensch sich selbst erkennen soll. In der Mitte des Rades, der Radnabe, bewegen sich drei Tiere, ein Schwein, eine Schlange und ein Hahn. Sie symbolisieren die drei niederen Triebkräfte des Menschen:
Der Hahn steht für: Gier und Wolllust
Die Schlange für: Hass und Neid
Das Schwein für: Verblendung

Jedes Tier beißt in den Schwanz des Vorangehenden, womit man die drei Grundübel des Daseinskreislaufes darstellen will.
In den sechs Feldern zwischen den Speichen werden sechs Sphären des Daseins beschrieben:
1. Die Welt der nicht erleuchteten Götter, die im Zustand der Glückseligkeit leben und nach langen Zeiträumen wiedergeboren werden.
2. Die Welt der Halbgötter (Titanen), die im ständigen Streit mit den Göttern leben.
3. Die Welt der Menschen, die in Arbeit, Egoismus und Leidenschaften verstrickt sind, die ihnen Alter, Krankheit und Tod bescheren.
4. Die Welt der hungrigen Geister, niedere Wesen des Bardo, die unter Durst und Hunger nach Dasein (Trishnā) leiden und in kurzen Abständen inkarnieren.
5. Die Welt der Tiere, die kein Bewusstsein haben.
6. Die Welt der Höllenwesen, die sich besonders schlechtes Karma erworben haben und auf Erlösung warten.

Die höheren Seinsebenen des Nirwanas sind in diesem Rad natürlich nicht dargestellt, denn es handelt sich ausschließlich um den Daseinskreislauf des Samsara. Das Rad des Lebens ist somit eigentlich ein Rad des Todes. Es wird von dem Unterweltgott Yama in Bewegung gehalten.

In der Lehre des buddhistischen Tantra, (erstmals 10. Jh. n. Chr.) finden wir das **Rad der Zeit** *(Kalachakra). In seinem Mandala verbirgt sich sowohl ein spiritueller Einweihungsweg als auch eine sehr komplexe Kosmologie. Auf dem zweitäußersten Kreis des Mandalas finden sich acht achtspeichige Räder, die mit der Lehre der Seelenwanderung und den kosmischen Zeitzyklen in Verbindung stehen.*

Betrachten wir nun die wichtigste Gottheit des Hinduismus Shiva, im Aspekt des tanzenden Nataraja.
Er wird dargestellt in einem Flammenrad mit acht, zwölf, zweiundzwanzig oder vierundvierzig und noch mehr Flammen. Die Flammen ersetzen hier die Speichen und symbolisieren die Sphären des Samsara, die man nach dem physischen Tode zum Teil doppelt und dreifach durchläuft. Mit einem Bein und zwei Armen ist der lächelnde und erleuchtete Shiva dem

Daseinskreislauf entsprungen. Mit dem anderen Bein steht er auf einem Dämon, der das Rad des Daseinskreislaufs mit einer Hand und einem Fuß zusammenhalten will, sich aber der Macht und dem Willen seines Gottes unterwirft. Von den Hüften Shivas bis zu den Schultern schlängelt sich die weibliche Schlange Shakti. Das Schwanzende ist geteilt in die zwei Energieströme Ida und Pingala. In der rechten Hand, die mit dem Flammenrad verbunden ist, trägt Shiva ein Stundenglas als Zeichen dafür, dass er der Herr über die Zeit und der Beender eines Äons ist. In der linken Hand, die mit dem Rad verbunden ist, trägt er eine Flamme, symbolisch dafür, dass er über alle Sphären Herr ist und keine ihn in den Daseinskreislauf zurückziehen kann. Seine geflochtenen Haare und sein Kopfschmuck stellen Symbole der Erleuchtung, den ätherischen Energiefluss und die Kronenaura, dar.

In den losen Haaren des tanzenden Shivas findet sich manchmal ganz klein und oftmals unbemerkt ein Abbild der Flussgöttin Ganga. Gemeint ist hier Indiens heiliger Fluss, der Ganges. An solchen kleinen Äußerlichkeiten erkennt man, dass die Wurzeln des Shivaismus bis in die alten Naturreligionen in vorvedische Zeit zurückreichen. Wir erinnern uns, dass wir dabei über die hellhäutigen Arier gesprochen hatten und die von Westen kommenden Brahmanen.

Entweder sie kamen aus den Steppen Osteuropas und Zentralasiens, aus dem Donaubecken, oder aus dem europäischen Kernland. Es lohnt sich deshalb besonders, nach achtspeichigen Radmotiven auf Sakralgegenständen in unserem eigenen Kulturkreis Ausschau zu halten, damit wir Rückschlüsse ziehen können, ob gemeinsame Glaubensvorstellungen und Kosmologien zwischen Ost und West bestanden.

Während von der frühen bis zur mittleren Bronzezeit (ca. 2200 – 1300 v. Chr.) eher konzentrische Ringe als kosmologische Motive verwendet wurden, tauchen in der späten Bronzezeit mehr und mehr sechs- und besonders achtspeichige Radmotive auf. Zum Beispiel auf einem Sakralgefäß in dem Hortfund von Borgbjerg oder der Brillenfibel von Harridslev (Dänemark).

Achtspeichiges Rad

Tanzender Shiva Nataraya

Blick zurück auf Tal

Das markanteste Beispiel aus der Kultur der frühen Kelten ist der kegelförmige Goldhut von Ezelsdorf (um 1000 v. Chr., Süddeutschland). Meiner Meinung nach wurden die Goldhüte vor oder in der Meditation getragen, um sich mit der himmlischen Gottheit ätherisch und kosmisch zu verbinden. Metalle sind gute Leiter, auch in Bezug auf den feinstofflichen Äther. Die Goldkegel sind auf jeden Fall viel mehr als ein Kalendersystem nach astronomischen Vorgaben, wie allgemein von den Wissenschaftlern behauptet wird. Meinen geisteswissenschaftlichen Betrachtungen zufolge sind sie eine Art „Totenbuch", versehen mit einem geheimen Fahrplan für die Reise durch das Jenseits. An Hand der eingepunzten Ornamente konnte der Priester dem Adepten den Weg durch die Sphären erklären. Er verlief zu einem einzigen zentralen Punkt auf der Spitze des Hutes, sprich dem dreizehnten Chakra (die Nebenchakras in diesem Fall nicht mitgezählt!), welches analog zum Makrokosmos das Schlupfloch zur höheren geistigen Welt zum Nirwana bedeutet.

Auf einem weiteren Kultobjekt, dem berühmten Silberkessel von Gundestrup, den man 1891 in Dänemark gefunden hat, findet man durch bildliche Darstellungen ebenfalls wichtige Informationen über Initiationsriten und Glaubensvorstellungen unserer europäischen Vorfahren. Über die Herkunft dieses Kessels herrscht bei den Archäologen bis heute Verwir-

rung, weil die materiellen Zusammensetzungen ganz andere Rückschlüsse zulassen als die Bildmotive. Diese zeigen nämlich Löwen, Elefanten und Delfinreiter und ganz nebenbei auch dem Tantra ähnliche, dionysische Elemente. Das in unserem Zusammenhang gesuchte achtspeichige Rad hält ein janusäugiger Gott durchbrochen mit dem rechten Arm triumphierend in die Höhe.

Beide Kultgegenstände, der Goldkegel von Ezelsdorf und der Silberkessel von Gundestrup, verdienten ihrer Bedeutsamkeit wegen eine tiefere Betrachtung, doch wir wollen den Wanderer zwischen den Welten nicht aus den Augen verlieren und uns im Eilschritt wieder auf den Weg zur großen Muttergöttin Annapurna begeben.

Ich verließ Tal und folgte einer Mulikarawane flussaufwärts. Es war ein schöner, sonniger Tag und ich wanderte durch eine atemberaubende, traumhaft schöne Landschaft. Der Weg verlief mal am linken, mal am rechten Ufer und schlängelte sich durch das schluchtartige, manchmal durch kleine Seitentäler sich öffnende Tal des Marsyandi. Gegen Mittag kam ich zu dem kleinen hübschen Bergdorf Dharapani. Ich legte meinen Rucksack im Schatten eines Baumes ab, stärkte mich am Dorfbrunnen und ging zu einem Chörten, der in der Nähe stand. Wie gewohnt umrundete ich ihn. Dann setzte ich mich nieder und betete. Der Chörten war weiß gestrichen und machte einen sehr gepflegten Eindruck. Eine steinerne Gebetstafel stand mit Blumen geschmückt vor einem kleinen Fenster und auf der Spitze der dreizehnten Stufe thronte wie gewohnt die goldene Flammenzunge und eine rote Sonne halb umschlossen von einem silbernen Mond.
Die Mulis zogen weiter, ich beendete meinen kleinen Stopp und folgte ihnen. Die Mittagssonne brannte gnadenlos vom Himmel und, wann immer es ging, hielt ich an einer Quelle oder einem Brunnen an.
Hinter Dharapani mündet der Dudh Khola von rechts in den Marsyandi. Es ergibt sich der Ausblick in ein wunderschönes Seitental. Man ist hier der chinesischen Staatsgrenze so nahe

wie nirgendwo sonst auf dem Trail. Nur 20 Kilometer weg von Tibet lädt ein kleiner Eselspfad, der an einer Brücke beginnt, dazu ein, das kleine Seitental zu erkunden und die einsame Bergregion des Panbari Himalaya an der Grenze zu Tibet zu erwandern. Später erfuhr ich, dass wagemutige Pilger aus Indien, die sich kein chinesisches Visum leisten können oder aus anderen Gründen keines erhalten, solche Schleichwege aufsuchen, um illegal zum Heiligen Berg Kailash zu kommen, der immerhin noch 400 Kilometer vom Annapurna entfernt liegt.
Bisher waren mir noch keine Pilger oder wandernden Saddhus* begegnet, dafür aber überholten mich an dieser Stelle Edgar aus Kärnten, die vier israelischen Bergwanderer und kurz darauf eine ausländische Wandergruppe. Die kleinen buddhistischen Dörfer, die ich am Nachmittag durchquerte, machten einen sauberen und einladenden Eindruck.
Bisweilen kamen mir auf meiner Wanderung Reiter entgegen. Das Läuten der Glöckchen am Pferdegeschirr kündigte sie aus einiger Entfernung an. Manchmal ritten sie freundlich grüßend und lächelnd an mir vorbei. Die Gesichter dieser jungen Männer verrieten Stolz und Würde und in dem Moment, wo sich unsere Blicke für einen kurzen Augenblick des Daseins kreuzten, glaubte ich, dass sie meine Gedanken intuitiv erraten hatten. Gedanken der Bewunderung für das Leben auf dem Rücken eines Pferdes.
Reiter und Pferd, Mensch und Tier in einer vollkommenen Harmonie des Daseinskreislaufs.

Als der Mensch vom Jäger und Sammler zum Ackerbauern wurde, domestizierte er Tiere, die er zuvor gejagt und getötet hatte. Der Wechsel von der einen Lebensform zu der anderen fand nach Meinung der Archäologen in den Kulturen des fruchtbaren Halbmonds, einem Gebiet zwischen den heutigen Staaten Israel, Syrien, Türkei und Irak, schon 12000 Jahre vor unserer Zeit statt. Es entwickelte sich danach in einigen wenigen chalcolithischen Kulturen des Industals eine besondere Lebensweise zwischen Mensch und Tier. Das Rind war nach dem Schaf eines der ersten Haustiere

* Hinduistischer Priester oder Mönch

des Menschen und galt dem Bauer als „Lebensspender". Die Kuh gab Milch, der Ochse zog den Pflug. Beide waren unentbehrlich und überlebensnotwendig. Diese Tiere gewaltsam zu töten, sprich zu schlachten, kam den Menschen anfangs nicht in den Sinn, denn warum sollte man eine Kuh, die noch Milch gibt und ein Junges gebären kann, denn töten und sich seiner Lebensgrundlage berauben. Auf den Fleischgenuss brauchte man bisweilen trotzdem nicht zu verzichten. Da man hautnah mit dem Tier zusammenlebte, hatte man es stetig im Auge, auch im wichtigsten Moment, dem Moment des Todes. Wenn ein Tier verstarb, wartete man, bis sein Lebensgeist ausgehaucht war und sich vom Leichnam gelöst hatte, ließ es, noch rechtzeitig genug, ausbluten, und verwertete das Fleisch und den Rest des gestorbenen Tieres.*
Der Mensch stand dem Rind anfangs sehr nahe, erst später kamen Hund, Pferd und andere Tiere hinzu. Aus dieser Nähe zum Rind als dem „Lebensspender" entwickelte sich der Glaube an die Göttlichkeit der Tiere und es entstand der im Hinduismus verwurzelte Glaube, dass ein Tier auf einer nächsten Stufe zum Mensch und bei schlechtem Karma ein Mensch als Tier geboren werden kann. Der Glaube an Geburt und Wiedergeburt war eng verknüpft mit dem kosmischen Gesetz von Ursache und Wirkung, dem Karma. Das eine war ohne das andere nicht denkbar und so ist es bis heute im Hinduismus wie im Buddhismus geblieben.
Interessanter Weise galt die Kuh bei den Kelten als eine Verkörperung der Muttergöttin. Sie stand für Stärke und Fruchtbarkeit. Die nördlichen Germanenstämme pflegten Kulte, bei denen der Wagen der Göttin Nerthus (wahrscheinlich eine androgyne Gottheit) von Heiligen Kühen gezogen wurde und deren Priester, ähnlich wie heute noch die Saddhus in Indien, sich mit weiblicher Tracht und Kleidung schmückten.

---

* Vgl. hierzu Gen.1 Mose 29, Ovid: Metamorphosen, die goldene Zeit, I,90 ff.

Gebetsmühlen

Durch die Schlucht des Marsyandi

Stupa in Dharapani

Ich durchwanderte nach Harz duftende Nadelwälder, die mich an den Hochschwarzwald erinnerten, nur dass die Natur hier noch üppiger und die Berge viel höher waren. Zur Vegetation in diesem Gebirgswald zählten Weißtannen, Lärchen, Hemlock und Kiefern, auf dem felsigen Waldboden sah ich regelmäßig Orchideen und Seidelbast. Die ersten Lämmergeier kreisten über mir. Ich sollte die Könige der Lüfte noch öfters zu Gesicht bekommen.
Die Menschen in dieser Gegend machen sich den Naturreichtum der Umgebung zu Eigen und leben relativ gut davon. Das geschlagene Holz wird von Hand zu Brettern oder Balken verarbeitet und auf dem Rücken der Mulis zu Tale getragen. In regelmäßigen Abständen kamen mir die Trecks entgegen. Wenn der Weg schmal war und an einem Steilhang verlief, war es nicht ungefährlich, mit dem Rucksack auf dem Rücken den Tieren auszuweichen.
An den ersten beiden Tagen meiner Wanderung war das Wetter schwül warm und die Berggipfel stets in dichte Wolken gehüllt, doch heute verzogen sich die dichten Wolken und hinter dem kleinen Dörfchen Kotho sah ich zum ersten Mal einen Gipfel der großen Muttergöttin, den Annapurna II, der 7937 Meter in den Himmel ragt. Ich blieb ergriffen stehen und ließ dieses mächtige Panorama einige Sekunden auf mich wirken. Wie schön er doch war, dieser Gipfel, von Schnee bedeckt, unberührt, in den Himmel weisend, so groß und mächtig, dass es an dieser Stelle unmöglich war, ihn mit einem Normal-Objektiv auf ein einziges Foto zu bannen.
Kurz vor Chame traf ich auf einen Militärcheckpoint. Mein „Permit“ und mein Reisepass wurden verlangt und ich musste Angaben zu meinem Zielort machen. Nach den neugierigen Fragen der Soldaten und einem Eintrag mit Unterschrift durfte ich weiterziehen. Ich durchquerte Chame über die Hauptstraße und drehte an einer zwei Meter hohen Gebetsmühle, eine der Größten auf der Strecke. Chame ist ein hübscher Ort mit mehreren Hotels und Einkaufsmöglichkeiten und einem historischen Tempel. Ich überlegte, ob ich hier bleiben sollte. 10 Stunden war ich schon unterwegs und meine Körperkraft war

annähernd verbraucht. Mein Tagessoll war erfüllt. Die Mulis standen einquartiert in ihren Koppeln und schienen auf ihr Fressen zu warten. Gute und preisgünstige Unterkünfte gab es hier genug, doch irgendeine innere Stimme sagte mir, dass ich weiter wandern sollte. Ich fühlte, dass an diesem Abend noch etwas auf mich wartete und witterte ein ganz besonderes Erlebnis. Über eine Hängebrücke kam ich in den anderen Ortsteil, wo die schönsten Hotels von Chame zur Übernachtung eingeladen hätten. Hier saßen auch die anderen Wanderer, die mich mittags überholt hatten. Ich winkte ihnen von der Straße aus zu und sie grüßten zurück.
Vor einem dieser schmucken Hotels stand ein Einweiser, der glaubte, in mir einen Kunden erblickt zu haben: „Kommen Sie, Sir, schönes Hotel, warme Duschen, gutes Essen, alles billig!" Doch ich konnte mich für das Angebot des Mannes nicht begeistern, hatte mich längst, wenn auch wider aller Vernunft, entschlossen, in den Abend zu wandern. Ich winkte freundlich ab und zog an dem Mann vorbei. Nepalesische Hotel- und Restaurantbesitzer sind manchmal wahre Überredungskünstler und so rief mir dieser hier noch einige verlockende Angebote hinterher, aber ohne Erfolg. Am Ortsausgang schoss ich noch schnell einige Fotos von buddhistischen Motiven, dann war ich mit mir und der Natur wieder allein.

Ich versuchte auch vom Annapurna II, der sich jetzt von seiner Ostseite wunderbar zeigte, ein Bild zu machen, aber meine Kamera löste den Blitz beim Knipsen automatisch aus, ein Zeichen dafür, dass es zum Fotografieren der Landschaft schon zu dunkel war. Die Sonne ging unter und ich wanderte auf einem schönen Waldweg im Schatten der großen Muttergöttin, begleitet von dem Rauschen des Flusses und dem harzigen Duft von Koniferen an einem frischen Frühlingsabend.

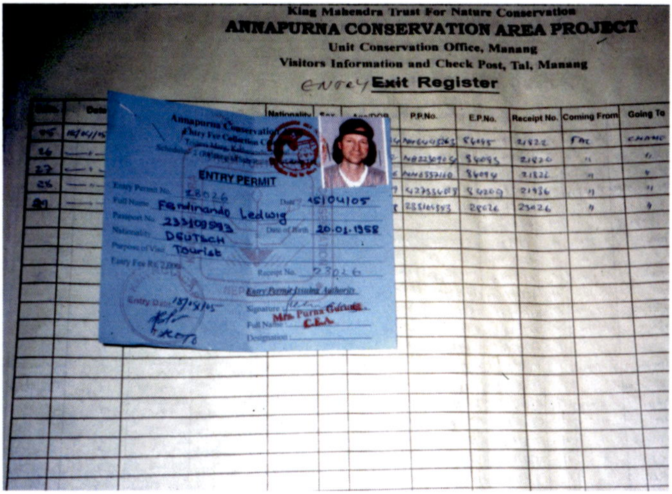

Registration an einem Checkpoint

Seitental bei Koto

Ortseingang Chame

Buddha mit männlicher und weiblicher Schutzgottheit

Nach einer Stunde führte mich der Weg zu einer alten Manimauer, einer historischen Kultstätte. Steinerne Gebetstafeln waren hier zu Ehren der Heiligen aufgestellt. Wie alt diese Stätte wohl war, ist schwer zu sagen, vielleicht einige hundert Jahre alt. Der Platz hatte etwas Mystisches. Ich schaute mir die steinernen Tafeln an und entdeckte zunächst nur alte Schriftzeichen, die ich nicht verstand, dann aber ein Bildmotiv in dreieckiger Anordnung mit einem Stier, einem Widder und ganz oben, mit „Hamsa", der Wildgans.

Was ist das Geheimnis von Stier, Widder und Wildgans?*
Das Geheimnis von Stier, Widder und Wildgans ist verbunden mit der Zahl drei und dem Wesen des Menschen!
In den alten Mysterienschulen des Westens steht das nach unten gerichtete Dreieck oder die Dreierspirale in Bezug auf den Mikrokosmos als Symbol für den mit der Erde verbundenen Menschen.
Der irdische Mensch besteht aus einem physischen Körper, einem bzw. mehreren ätherischen Körpern sowie dem Wesen der Geistseele.

Der physische Körper ist gebunden an das Leben des Menschen auf der Erde, an Raum und Zeit und an den Daseinskreislauf des Samsāra.

*Der ätherische Körper, auch ätherisches Doppel genannt, ist der eigentliche Lebensleib des Menschen, er ist morphogenetisch, verfeinert sich von einer Entwicklungsstufe zur nächsten. Insofern darf von mehreren aufeinander folgenden, feinstofflichen ätherischen Körpern die Rede sein. Der Ätherkörper ist Form** und Träger des Bewusstseins.*

---

* Zoomorpher Junktur: Kombination von Tiermotiven und Mischwesen auf sakralen Gegenständen und Kultobjekten

** Form: Hier nicht im aristotelischen Sinne von „*eidos*" (Bild), sondern als feinstofflicher, ätherischer Leib, ohne den Eigenschaften der Geistseele. Der griechische Begriff „morphé"(Form) bietet sich vorzüglich zur Definition an, ist jedoch bei Rezeptionen aristotelischer Schriften schon in der römischen Antike unglücklich mit „eidos" gleichgesetzt worden.

Die Geistseele ist reines Bewusstsein und nicht an Raum und Zeit gebunden.

Was ist das Geheimnis des Stiers?
Das Geheimnis des Stiers ist verbunden mit dem niederen Selbst des Menschen und den negativen Eigenschaften seiner Emotionalseele. Den Stier zu töten, wie einst symbolisch im Mithraskult, oder den Tiger zu zähmen und an die Kette zu legen, wie annähernd gleichbedeutend im Buddhismus, ist die Aufgabe des Menschen, der sich weiterentwickeln will, kann und soll.

Was ist das Geheimnis des Widders?
Das Geheimnis des Widders ist verbunden mit Bewegung, Veränderung und Willenskraft.
Ohne Bewegung, Veränderung und Willenskraft können die feineren ätherischen Kräfte nicht zur Entfaltung kommen und der Mensch bleibt im Samsara gefangen.
In frühen europäischen Kulturen sind die ätherischen Kräfte dargestellt durch das Geweih des Hirschs, Hörner, geflügelte Pferde, Sphinxen, gedehnte Figuren auf Schnabelkannen sakraler Trinkgefäße, die phrygische Mütze, das wallende Gewand oder das Vlies, Bärte und Locken.
Im Shivaismus und Buddhismus sind die Ätherkräfte dargestellt durch tanzende, vier- oder mehrarmige Götterfiguren, Blüten und Blumen.

Was ist das Geheimnis von „Hamsa", der Wildgans?
Das Geheimnis von „Hamsa", der Wildgans, ist verbunden mit dem Flug des Seelenvogels.
Der Seelenvogel beginnt zu fliegen, wenn der Mensch über den Stier herrscht und den Widder zum Reittier gemacht hat.

Im Jahre 869 n. Chr. ereignete sich in der Geschichte des Abendlandes eine folgenschwere theologische Auseinandersetzung. Das achte ökumenische Konzil von Konstantinopel, das zur Mehrzahl aus Abgesandten der römischen Kirche vertreten war, sprach über den berühmten griechischen Gelehrten Photius das „Anathema", den Kirchenbann, aus. Photius stand für die Meinung der Ostkirche und vertrat die Auffassung der „Trichotomie", der Dreiheit des Menschen aus Körper, Seele und Geist.

Die römische Seite vertrat die Meinung, dass der Mensch nur aus einem Körper und einer Seele besteht. Der Grieche berief sich auf Paulus und auf das Urchristentum und verwies auf die Bezeichnung „Pneuma" für Geist und „Psyche" für Seele. Doch die römische Abordnung verwarf die Gedanken des Photius und ächtete ihn zum Ketzer. Hier begann schon das Schisma, das in der Folge zwei verschiedene christliche Kirchen entstehen ließ, die griechisch-orthodoxe und die römisch-katholische. Hier liegen aber auch die Ursachen für eine grenzenlose Verwirrung des Begriffes der Seele bis in die frühe neuzeitliche Philosophie des Abendlandes.

Die Seele des Menschen besteht aus reinem, göttlichem Bewusstsein und ist gemäß dem kosmischen Gesetz der Polarität dual. Sie ist fühlend und denkend. Sie ist immer an irgendeine Form, einen Träger oder Leib gebunden, bis in alle Ewigkeit.
Demnach besteht der Mensch immer aus einem ***morphogenetischen Leib**** *verdichteten Äthers und einer* ***Geistseele****, und solange er im Daseinskreislauf auf der Erde weilt, auch aus einem physischen Körper.*

Es war schon etwas dunkel geworden, als mich mein Weg zu einer kleinen Ansiedlung von Bauernhäusern führte. Noch verzückt ob meiner Entdeckungen und Betrachtungen an einer alten Kultstätte, machte ich mir langsam Gedanken um ein Nachtquartier. Das kleine Weiler lag still und wie verlassen in der Abenddämmerung. Am Himmel stand der erste Stern und der Schatten der großen Muttergöttin hatte sich still und leise über das Tal gelegt. An einer gefassten Quelle nahm ich noch schnell einige kräftige Züge erquickenden Gebirgswassers, nässte mein Gesicht und schüttelte den Staub des zurückliegenden Tages von meinen Schuhen. Dann sondierte ich die Lage. Etwas seltsam Fremdes, verbunden mit einer Art Totenstille lag über diesem Dorf.

---

* Nicht zu verwechseln mit der Aura, die das ausdehnbare Strahlungsfeld des morphogenetischen Körpers ist (griechisch: Atarah = Aura = Kranz, im Gegensatz zu morphé= forma = Form).

Manimauer vor Kerku

Der Wind stand still und keine Geräusche waren zu hören. Ich hatte das Gefühl, als würden tausend unsichtbare Augen mich beobachten. Sollte ich in einem Räubernest der Maoisten gelandet sein? Ich setzte meinen Rucksack ab und ging zu einem der Häuser, betrat den Hof und rief: „Hallo? Ist jemand zu Hause?" Doch niemand gab Antwort. Ich ging zum nächsten Haus. Alle Türen standen offen. Ich schaute hinein und machte mich durch Rufen bemerkbar, aber wieder erhielt ich keine Antwort. Plötzlich kam, wie ein kleines Gespenst, ein Junge vorbeigelaufen. Schmutzig, barfuß, die Haare zerzaust, in Lumpen gekleidet. Er blieb kurz stehen, schaute mich verdutzt an, dann huschte er weiter. Hatte er Angst vor mir? „Hey, wo ist deine Mama?", rief ich ihm nach, doch meine Worte be-

wirkten keine Reaktion. Ich nahm meinen Rucksack wieder auf, meinen Wanderstecken in die Hand und ging dem Jungen hinterher. Nach einer Weile wurde diese unheimliche Stille endlich durchbrochen, ich vernahm Stimmen von Mensch und Tier. Eine Bauernfamilie mit Kind und Kegel kam mir entgegen. Sie trieben zwei oder drei hagere Kühe vor sich her. Ich wartete, bis sie mit mir auf gleicher Höhe waren, dann sprach ich die Leute an: „Namasté, meine Freunde! Gibt es hier eine Möglichkeit zum Schlafen für mich? Ich bin Pilger auf dem Weg nach Muktinath!“ Die beiden Alten schauten mich verlegen an, aber gaben mir keine Antwort. An den überraschten Gesichtern merkte ich, dass man mich nicht verstand. „Ich hier schlafen! Essen! Hunger!“, versuchte ich es nochmal mit den entsprechenden internationalen Gesten. Jetzt schien mich der Mann zu verstehen, er gab den Treiberstock einem der Kinder in die Hand und bedeutete seiner Frau, sie möge ins Haus gehen. Während er irgendetwas in Nepalesisch erzählte, was ich nicht verstand, gingen wir zu einer kleinen Hütte. Darin stand ein Bett mit einer Matratze. Es war nicht sehr sauber hier, aber es würde schon irgendwie gehen, dachte ich. Der Mann zündete eine Kerze an, klappte den Fensterladen zurück und bedeutete mir später in sein Haus zum Essen zu kommen. Das hörte sich gut an.
Nachdem ich meinen Rucksack ausgepackt hatte, machte ich es mir in der kleinen Behausung gemütlich. Durch das geöffnete Fenster konnte ich wie aus einem Adventskalender heraus in den Abendhimmel schauen. Beim Licht der Kerze tätigte ich meine Tagebucheintragungen und beobachtete den sichelförmigen, aufgehenden Mond. Ich nahm die Sarangi in die Hand und versuchte auf der kleinen Bergfiedel einen dritten Ton zu finden. Nach einer Weile hatte ich den Ton, den ich suchte, das eingestrichene E, und damit konnte ich, wenn auch noch etwas unvollkommen, einen Dreiklang anspielen. C-E-G.
In dem kleinen Dorf gab es keinen Strom, vielleicht war gerade ein Stromausfall? In der Küche, wo ich zum Abendessen eingeladen war, brannte eine „Petromax“ und aus dem Herd, auf dem gekocht wurde, züngelten wie gewohnt die zum Träumen

einladenden Flammen. Die Bäuerin winkte mich zu sich herein, bot mir eine Sitzunterlage an und fragte, was ich essen wollte. Ich zeigte auf eine Eierstiege, eine Schüssel mit Reis und auf ein paar Zwiebeln, die in einem Korb lagen und gab zu verstehen, dass ich gerne einen „Chiyaa“, einen Tee trinken würde. Sie nickte freundlich, stellte Wasser auf, schüttete Öl in eine Pfanne, briet die gewünschten Beilagen an und würzte sie. Während sie das Essen zubereitete, beschäftigte sich ihr kleiner Sohn mit einem selbst gebastelten Spielzeug. Ich schaute mich, ohne meinen gemütlichen Platz zu verlassen, in der Küche um. Die Wände aus Lehm und Holz waren mit Bildern aus Tageszeitungen beklebt. Das Dach war mit einem Blech abgedeckt und schien dicht zu sein. Der Boden war mit einfachen Bretterdielen ausgelegt. Ich vermisste das hübsche Zinngeschirr, das ich in den Küchen anderer Bauernhäuser, auf Regalen aufgestellt, schon gesehen hatte. Dafür hing aber ein großer Kalender an der Wand, wenn auch vom letzten Jahr. Die Familie war sehr arm, das war zu sehen und zu spüren, umso erfreulicher war es doch, dass sie mich aufgenommen hatten. Nach dem Essen trank ich noch einen nepalesischen Bergtee, dann erklärte ich den Leuten, dass ich morgen in aller Frühe aufbrechen wollte und bat um die Rechnung für Unterkunft und Verpflegung. Der Bauer berechnete nur das Essen und machte einen sehr guten Preis. Ich wollte ihm selbstverständlich etwas mehr geben, aber er nahm es nicht an. Er hatte sich einfach gefreut, jemanden aus einem fernen Land bei sich zu Gast zu haben. Ich war gerührt von so viel Herzlichkeit und Gastfreundschaft.
Dann verabschiedete ich mich und ging zu meiner Hütte. Die Nacht war sternenklar und die schattenhaften Umrisse der Umgebung wirkten noch immer gespenstisch und unheimlich. Ich verkroch mich in meinen Schlafsack und schaute noch lange Zeit aus dem Fenster heraus in den Sternenhimmel. Unbekannte Sternbilder, die ich aus meiner Heimat nicht kannte, zogen der Mondsichel hinterher.

In der Nacht hatte ich einen seltsamen Traum:
Woody Guthrie erschien mir und spielte auf seiner legendären schwarzen Gitarre das Lied von „Pretty Boy Floyd", dem Geächteten aus Oklahoma:

„If you'll gather round my children a story I will tell ..."

Kommt her, all meine Kinder und ich erzähle euch die Geschichte von Pretty Boy Floyd, dem Gesetzeslosen, und was er getan hat ...
Als Pretty Boy mit seiner Frau in die kleine Stadt Shawnee zum Einkaufen kam, pöbelte ihn ein Sheriff an. Die beiden gerieten in eine Auseinandersetzung. Der Sheriff griff nach seinem Gewehr und Pretty Boy nach einer Kette, mit der er den Sheriff in Notwehr erschlug.
Er flüchtete und lebte fortan zurückgezogen in den Wäldern. Viele Schandtaten und Verbrechen, die er nie begangen hatte, wurden ihm von offizieller Seite nachgesagt, doch die armen Bauern in den Bergen machten mit Pretty Boy eine ganz andere Erfahrung. Es verbreitete sich die Geschichte von einem Bettler, der zu ihnen kam, um ein Almosen oder ein Essen zu erbitten, doch es war in Wirklichkeit Pretty Boy Floyd, der sich einladen ließ und nicht selten einen größeren Geldbetrag heimlich für die Ärmsten der Armen zurückließ.

Woody Guthrie (1912 – 1967) schrieb hunderte solcher Lieder mit einer wunderbaren Poesie, in denen er sich mit machtvollen Worten als Anwalt der Armen für die Rechte Schwächerer einsetzte. Seine Lieder haben neben den üblichen unterhaltenden und ästhetischen Eigenschaften von Musik auch noch einen ethischen Wert, und das zeichnet sie mit dem Prädikat: „Ganz besonders wertvoll" aus.
Trotzdem wird man keine Guthriesongs im Radio hören. Warum?
Weil es für Musik mit ethischen Werten in den Medien keine Lobby gibt. Lobby ist überall da, wo es in der kapitalistischen Gesellschaft ums Geldverdienen geht, nicht um der Kunst oder der Musik selbst willen, geschweige denn einer universellen Ethik.

Aus der Sicht der geistigen Welt jedoch, erwirbt sich gerade derjenige gutes Karma, der es versteht, ethische und spirituelle Werte in sein Tun und Handeln mit einzubauen. Das gilt selbstverständlich für alle Bereiche des Lebens und der Gesellschaft; der Wissenschaften, der Politik, des Journalismus, des Berufslebens, der Familie usw.

So wie mich mein Vater liebt, so liebe ich euch auch. Bleibt in meiner Liebe!
Wenn ihr meine Gebote haltet, dann bleibt ihr in meiner Liebe, so wie ich die Gebote des Vaters halte und in seiner Liebe bleibe.
Das sage ich euch, damit meine Freude in euch bleibt und meine Freude **vollkommen** *wird.*
Dies ist mein Gebot, dass ihr einander lieben sollt, wie ich euch liebe.
Niemand hat größere Liebe als die, dass er sein Leben lässt für seine Freunde.
(Johannes, 15,9 – 13)

Auf dem Weg nach Pisang

Gletscherberg

Brücke über den Marsyandi

Gebetsmühlen in Pisang

Milarepa

4. Etappe: Teleku – Mungli

Ein Hahnenschrei weckte mich in der Morgendämmerung. Ich stand auf und packte meine Sachen, während die Bauern noch schliefen. Wie konnte ich mich diesen Leuten, die mir so herzlich Obdach gewährt hatten, doch noch erkenntlich zeigen? Ich beschloss etwas Geld da zu lassen, holte aus meiner Geldbörse einen Fünf-Dollar-Schein und legte ihn, mit einem Stein als Beschwerung, unübersehbar auf einen Tisch vor der Haustür. Dann schulterte ich meinen Rucksack, nahm meinen Wanderstock in die Hand und machte mich auf leisen Sohlen davon. Es ging ein kalter und frischer Wind. Zum ersten Mal musste ich meine Winterjacke anziehen. Der Weg führte an einigen Apfelplantagen vorbei zu zwei eindrucksvollen Manimauern, die ich in Augenschein nahm und fotografierte. Sie waren jedoch nicht so alt wie die, die ich am Tag zuvor gesehen hatte. In Kerku machte ich eine Frühstückspause und aß auf der Terrasse einer Lodge ein Müsli. Dann durchwanderte ich einen engen Canyon und füllte an einem kleinen Wasserfall noch mal meine Wasserflasche. Das war eine gute Idee, denn es sollte so schnell keine Quelle mehr kommen. Höher und höher wanderte ich am Fluss entlang. Gegen Mittag kam ich zu einer Stelle, wo der Weg sich teilt. Ich überquerte den Marsyandi und stieg steil bergauf durch einen schönen Gebirgswald. Die Sonne brannte gnadenlos vom Zenit und die dünne Luft machte mir zunehmend zu schaffen, denn ich befand mich schon auf dreitausend Meter Höhe. Der Ausläufer eines Eisberges vom Pisang Peak (6092 m) zeigte sich imposant von der rechten Seite. Nach dem Anstieg kam ich an eine verfallene Ruine mitten im Wald. Dort hielt ich an. Ich war erschöpft und mein Körper verlangte nach einer Pause, deshalb suchte ich am Wegesrand, geschützt vor ungebetenen Gästen, einen geeigneten Platz zum Ausruhen. Im Schatten der Bäume streckte ich meine Glieder und nutzte die Stille und Einsamkeit zum Beten und Meditieren. Nach einer Stunde setzte ich, etwas re-

generiert, die Wanderung wieder fort. Der Weg lief auf gleicher Höhe weiter, der Wald lichtete sich und ich trat voller Staunen in ein weites offenes Tal. Selten in meinem Leben hatte ich in der Einsamkeit eine so beeindruckende und grandiose Natur gesehen. Etwas entfernt ästen einige Wildpferde, die erschrocken den Kopf hoben und davon liefen. Ich machte immer wieder Landschaftsfotos und hielt die imposante Bergwelt mit schönen Hintergrundmotiven fest. Leider war der Annapurna II in Wolken gehüllt und ließ sich nicht auf die Linse nehmen. Über eine Holzbrücke überquerte ich wieder einmal den Marsyandi und lief rechts des Flusses drei Kilometer bis nach Pisang. Dort gönnte ich mir eine warme Mahlzeit und schrieb mein Tagebuch. Ich war zu müde, um die annähernd hundert Gebetsmühlen in Pisang anzudrehen. Stattdessen ließ ich mir auf einer Bank die letzten warmen Sonnenstrahlen an diesem Nachmittag auf den Pelz brennen. Ich sollte die warme Sonne die nächsten Tage noch sehr vermissen.
Von Pisang aus gibt es zwei Möglichkeiten, links oder rechts des Flusses weiterzuwandern.
Ich entschied mich für die linke Seite, würde aber das nächste Mal die rechte Seite über Gyaru und Paugha nehmen. Wie ich später erfuhr, liegen auf dieser Strecke eine interessante Eremitenhöhle und eine Gompa (Tempel).
Doch auch die linke Seite hat landschaftlich ihre Reize. Ein breiter Weg führte zunächst durch den Wald hinauf zu einem Pass. Von hier aus hat man einen grandiosen Ausblick in das 20 Kilometer lange Manangtal. Bei meiner Ankunft hatte ich das Glück, für wenige Momente die gute Aussicht zu genießen, aber eine dichte Wolkenfront in der Ferne ließ schlechtes Wetter erahnen. Auf dem Pass pfiff jetzt schon ein eiskalter Wind. Innerhalb weniger Minuten gab es einen regelrechten Temperatursturz. Ich zog wärmere Sachen an und wanderte durch einen wunderschönen Pinienwald leichtfüßig bergab. Unbekannte, farbenprächtige Singvögel erfreuten mein Auge und gaben mir mit ihrem Singsang Geleit. Der Weg führte nach Ongre, einem etwas größeren Ort mit einer Flugplatzpiste. Auf der holprigen Landebahn stand kein einziges Flugzeug. Am Wach-

häuschen setzte ich meinen Rucksack ab und holte mir daraus meine Mütze und meine Handschuhe, denn es begann zu schneien.
Eine Soldatin, eingehüllt in eine warme Militärjacke und dem Gewehr um die Schulter, stand auf dem Dach und beobachtete mich. Sie dachte wohl, ich suche nach meinem Ausweis, um ihn vorzuzeigen, deshalb rief sie mir freundlich zu: „Excuse me, Sir, no checkpoint here!" (Entschuldigen Sie, mein Herr, hier ist kein Kontrollpunkt.) Das war gut so, denn dann brauchte ich mich an diesem kalten Ort nicht länger aufhalten. Ich setzte meinen Körper schnell wieder in Bewegung und verließ Ongre im Eilschritt. Kaum hatte ich das Dorf verlassen, blies vom Annapurna ein gewaltiger Schneesturm heran. Dichte Wolken und Schneeschauer versperrten jede Sicht. Der Wind peitschte mir den Schnee ins Gesicht. Ich hatte Mühe voran zu kommen und konnte den Verlauf des Weges gerade noch erkennen. Zum Glück lagen jetzt keine Steigungen mehr vor mir. Der Weg verlief im Tal. Ein Hirte mit einer Ziegenherde kam mir entgegen, doch wir nahmen voneinander kaum Notiz. An bestimmten Orten hier in den Bergen blasen zu gewissen Uhrzeiten immer Winde. Bei meiner Wanderung auf dem Jakobsweg war das ähnlich. Die Naturelemente traten mir auf ganz bestimmten Abschnitten derart physisch entgegen, als wären sie von unsichtbarer Hand losgelassen worden, um den Pilger zu peinigen und zu prüfen.
Am Abend erreichte ich mit letzter Kraft Mungli, ein kleines Weiler mit drei Häusern und einer Lodge. Hier wollte ich bleiben.
Nass und durchgefroren betrat ich die Wirtsstube, erkundigte mich nach Unterkunft und Verpflegung und bestellte gleich ein warmes nepalesisches Kartoffelsüppchen. Nachdem ich mein Gepäck verstaut hatte, schlich ich mich zum Wirt in die Küche und wärmte mich am Ofen. Dabei unterhielten wir uns. „Schön, dass Sie bei mir eingekehrt sind, Sir, ich werde Ihnen ein gutes Essen machen und Sie werden bestimmt zufrieden sein. Sind noch andere Wanderer unterwegs?", fragte er neugierig. „Nur ein paar", antwortete ich. „Haben Sie unterwegs

Maoisten gesehen?“ – „Nein, es war alles ruhig.“ – „Wissen Sie, bei mir ist schon lange niemand mehr eingekehrt, die meisten Leute gehen durch bis Braga oder Manang.“ – „Verstehe, was ist das für ein Tempel da oben, den man von der Straße aus sieht?“ – „Das ist ein buddhistisches Kloster, das gerade neu aufgebaut wird. Interessieren Sie sich dafür?“ – „Ja, das werde ich mir morgen früh vielleicht einmal anschauen. Gibt es sonst noch etwas Interessantes hier in der Gegend zu sehen?“, wollte ich wissen. „Aber natürlich, haben Sie schon von der Milarepa-Höhle gehört?“ – „Nein!“ – „Ein alter Pilgerpfad führt dort hin, es sind drei Stunden zu Fuß von hier, der Weg ist ausgeschildert.“ – „Das hört sich gut an, und sonst noch etwas, ein Heiligtum oder einen Tempel?“ – „Wenn Sie um die Ecke nach Braga gehen, finden Sie dort einen 500 Jahre alten Tempel mit 108 sehenswerten Steinfiguren. Und dann kann ich Ihnen noch den Eissee empfehlen, von Braga 4 Stunden bergauf, wunderschöne Natur, es wird Ihnen gefallen. Sie werden sehen.“ – „Also gut“, sagte ich, „dann werde ich mir morgen erst das Kloster anschauen und dann die Milarepa-Höhle … und dann …“ – „… dann werden Sie zwei Tage bleiben“, sagte er zufrieden, während er eine geschälte Kartoffel aus der Hand legte und mich anlächelte. „Also gut“, sagte ich schmunzelnd, „dann werde ich eben zwei Tage bleiben.“

Meine Stube war geräumig, sauber und warm und bot durch ein großes Fenster einen wunderschönen Ausblick auf den Annapurna. Das schlechte Wetter und die dunklen Wolken hatten sich verzogen und es schien eine klare Nacht zu werden. Diese Gelegenheit und der Umstand, ein gemütliches Plätzchen mit einem tollen Panorama gefunden zu haben, ermunterten mich, ausgiebig zu meditieren. Ich saß bequem auf meinem Bett, während das fahle Licht des zunehmenden Mondes zwischen den gelegentlich aufkommenden Wolken auf zwei der mächtigen Gipfel der großen Muttergöttin fiel, den 7937 Meter hohen Annapurna II und den 7525 Meter hohen Annapurna IV. Der Anblick war traumhaft und mit Worten kaum zu beschreiben.

Nachdem alle meditativen Übungen, Gebete und Danksagungen ausgeführt waren, wollte ich meinem Körper die nötige Nachtruhe gönnen, doch irgendetwas in mir hatte sich verändert. Ich konnte nicht richtig einschlafen. In dem Moment, wo ich in erholsamen Schlaf zu fallen wünschte, in dem Moment, wo sich das Tagesbewusstsein für gewöhnlich verliert, schreckte ich hoch. Mich befielen Kurzatmigkeit und asthmatisch ähnliche Erstickungsanfälle. Als wenn sich heimlich ein unsichtbares Gift in meine Lungen gefressen hätte. Ich ging sofort in eine meditative Haltung, versuchte Ruhe zu bewahren und durch Autosuggestion bewusst tiefer zu atmen. Das gelang mir, solange ich mich wach halten konnte, nickte ich aber vor Müdigkeit ein, überfielen mich Erstickungsanfälle und Kurzatmigkeit. Es war grausam. Was war passiert?
Ich hatte mir die unangenehme Höhenkrankheit AMS (Acute Mountain Sickness) eingefangen. Sie macht sich ab einer Höhe von 2500 Metern bemerkbar und gilt als lebensgefährlich. Selbst junge, durchtrainierte Sportler kann es erwischen. Man sagt, dass der Körper erst einige Zeit braucht, um notwendigerweise mehr rote Blutkörperchen zu produzieren. Diese Produktion verläuft bei dem einen schneller, bei dem anderen langsamer.
Ich fand in dieser Nacht keine einzige Minute Schlaf, dabei hätte ich nach der anstrengenden Wanderung erholsamen Schlaf bitter nötig gehabt. So vertrieb ich mir die Zeit mit Bewegungsübungen und Lektüre aus der Baghavadgita:

Es ist schwer, die Wirklichkeit zu erkennen. Selbst die Götter sind eifrig bemüht, sie zu erkennen. Das Studium der Schriften, Selbstdisziplin, Opfer und alle mit guten Absichten vollbrachten Handlungen führen nicht zur Selbstverwirklichung.
Durch unerschütterliche Hingabe kann Gott erfahren werden. Ein Mensch, der sich völlig ergibt, ohne Verhaftung oder Selbsttäuschung, erfährt die Höchste Wahrheit.
(BG Krischna 52 – 55)

Am Morgen wusch ich mich an einem Brunnen und rückte in meinem Zimmer das zweite Bett zur Seite, damit ich die „sie-

ben Tibeter"* üben konnte. Nachdem ich in der Küche eine Kanne Tee und ein kleines Frühstück zu mir genommen hatte, erkundete ich einen Weg zu dem Kloster, das ich gestern gesehen hatte. Es lag direkt über Mungli und glänzte wie ein kleiner Juwel im Morgenrot der ersten Sonnenstrahlen. Durch ein kleines Seitental führte ein steiler Weg nach oben. Das Gebäude war noch im Rohbau und hatte die Größe eines Zwei-Familienhauses. Einige Zimmerleute waren mit dem Verzahnen von Holzstreben beschäftigt. Der Bauleiter grüßte mich, bemerkte mein Interesse und lud mich zu einem Tee ein.
Ich sah auf der ganzen Baustelle kein einziges elektrisches Gerät. Mit Sicherheit gab es hier oben keinen Stromanschluss, sonst hätten Überlandleitungen zu sehen sein müssen.
Es war zu erkennen, dass ein einziger, großer Raum in der Mitte entstehen würde, umgeben von vielen kleinen Zimmern. „Es wird einmal ein schönes Kloster, *Buddhas Haus hat viele Wohnungen*", sagte ich und der Mann lachte, als ob er es verstanden hätte.
Ich verabschiedete mich und wanderte über Braga zurück nach Mungli. Dort legte ich eine Mittagspause ein und erzählte dem Wirt von meinem Ausflug: „Warum ist dieser historische Tempel in Braga verschlossen? Ich wollte ihn auf dem Rückweg besichtigen, aber er war nicht geöffnet", erklärte ich. „Man braucht einen Schlüssel", sagte der Wirt. „Fragen Sie einfach in der Nachbarschaft", betonte er. „Ja, ich werde nach dem Schlüssel fragen und es nochmal versuchen", stimmte ich zu, „… und den Tempel Buddhas besuchen." – „Ja", sagte er in seine Gedanken versunken, „man muss immer wieder nach dem Schlüssel fragen, dann kommt man auch hinein!"
Der Ausflug zur Milarepa-Höhle sollte sich lohnen. Es handelt sich mehr um ein buddhistisches Heiligtum als um eine Höhle, doch das wusste ich zu diesem Zeitpunkt noch nicht. Das einzige Hinweisschild stand unten am Fluss, dann verlief sich der Weg über einige Felder.

---

* Yogaähnliche Körperertüchtigung

In einem kleinen Seitental suchte ich nach einem geeigneten Weg zum Aufstieg. Ich fand einen Trampelpfad, der mich in ein verfallenes kleines Dorf im Wald führte. Niemand lebte hier, doch der Platz lud zu einer Verschnaufpause ein. Dann kletterte ich weiter bergauf, bis ich zu einem Stupa kam. Steiler und immer steiler schlängelte sich der Weg. Ich überschritt die Waldgrenze und wanderte über Matsch, Geröllfelder und kleine Bäche weiter nach oben. Wieder ein Stupa, wieder eine Verschnaufpause. Mein Atem ging kurz und schwer. Dann ein letzter Stupa, schöner und geschmückter als alle anderen zuvor. Der Weg wurde besser und ging in eine Treppe über. Langsam und außer Atem schritt ich Stufe um Stufe hinauf, bis mich plötzlich zwei funkelnde Augen ansahen.
Versteckt in einer ummauerten Felsnische saß dort der Heilige Milarepa, auf mich den einsamen Wanderer wartend, die Hand am Ohr, dem Dharma lauschend, die Tiere des Waldes friedlich um sich versammelt. Die Büste des Heiligen wirkte so lebendig, dass ich mich auf der Stelle niederwarf und betete. Nach einer Weile erhob ich mich, zog meine Schuhe aus und ging näher heran, unablässig betend setzte ich mich in den Lotussitz, während Milarepa schweigend und unbewegt meinen Worten lauschte.

Der im westlichen Teil Tibets geborene Dichtermönch Jetsüm Milarepa (1052 – 1135) ist der bekannteste Heilige Tibets und war ein Yogi der Kagyüpa-Schule, eine der vier Hauptschulen des tibetischen Buddhismus, gewesen. Er war Schüler des Marpa, in dem er seinen Meister fand und dem er in vollkommener Hingabe und Demut diente. Nach einer harten asketischen Schulung zog sich Milarepa in die abgeschiedene Bergwelt Tibets zurück und führte fortan ein meditatives Leben in der einsamen Bergwelt des Himalayas. Durch seine Frömmigkeit und seine Lieder gewann er die Sympathie der Menschen seines Landes und wurde schon zu Lebzeiten als Heiliger verehrt.

Milarepa mit den Tieren des Waldes

Chörten auf dem Weg zur Milarepahöhle

Im 15. Jh. wurden seine tradierte Biografie und seine Lieder aufgeschrieben, die bis heute den geistlichen lamaistischen Buddhismus prägen.

Drum sei ein jeder von euch voller Eifer,
Die Sünden zu entsühnen und Verdienst zu sammeln.
Dann wird euch nicht allein die Schau
Der Dharma-liebend Himmelsgötter,
Der Götter heiligste und höchste werden offenbar.
Die Schau auch wird euch eures Geistes Dharma-Kaya,
Erschaut ihr ihn, erschauet ihr das All,
Die grenzenlose Schau, Samsara und Nirwana.
Und alles Karma wird darin zunichte.
(Milarepa)

Ich hatte das Gefühl, dass ich an diesem Ort nicht allein war. Nachdem ich meine Meditation beendet und meine Schuhe angezogen hatte, wollte ich mich gerade zu dem in der Nähe befindenden Tempel begeben, da sah ich auf einer Bank einen Mönch sitzen, der jeden meiner Schritte aufmerksam beobachtete. Er war ein Lama und der Wächter des Heiligtums. Ich ging zu ihm und grüßte ihn mit zusammengefalteten Händen und einer Verneigung. Er sprach mich auf Englisch an und bat mich zu sich an den Tisch. „Das ist ein wunderschöner Platz", sagte ich. „Lebst du hier?" Der Lama nickte. „War Milarepa wirklich hier gewesen?" – „Ja, er war hier und an anderen Plätzen im Himalaya", fügte er hinzu. „Was bedeuten die Tiere in seiner Anwesenheit? Hat das irgendetwas mit dem Dharma zu tun?" – „Nein", erwiderte er lächelnd, „mit dem Dharma hat das nichts zu tun. Milarepa war ein Sänger und Dichter. Es heißt, wenn er sang, kamen die Tiere aus dem Wald, lauschten ihm und wurden ganz zahm." Ich dachte bei diesen Worten sofort an den Heiligen Franz von Assisi, der noch heute als Schutzpatron der Tiere verehrt wird und welcher, der Legende nach, mit den Tieren gesprochen haben soll. Diese Parallelen sind sehr interessant. Milarepa und Franz von Assisi lebten ungefähr zur gleichen Zeit und hatten die gleiche Lebensführung und Lebensauffassung, wenn auch in ihrem eigenen, persönlichen Glauben. Gott ist es egal, mit welcher Sprache man zu ihm betet und der Schöpfung dient. Er ist ja vollkommen und schaut auf wunderbare Weise in unser aller Herz und liest auf geheimnisvolle Weise in unseren Gedanken. Die vollkommene Hingabe, wie Krishna sie in BG 52 – 55, (siehe oben) fordert, um die höchste Wirklichkeit zu erkennen, zeichnet die beiden Mystiker Milarepa und Franz von Assisi in ganz besonderer Weise gemeinsam aus.

Ich freute mich über die Aufgeschlossenheit und die Freundlichkeit dieses Einsiedlers und holte aus meinem Beutel eine Hand voll Kürbiskerne, die ich mitgebracht hatte. Sie waren von zu Hause. Ich bot sie dem Lama an und sie schmeckten ihm gut. „Bist du Buddhist?", fragte er. „Nein, ich bin Christ", antwortete ich, „aber ich glaube an einen universellen Gott für alle Menschen." – „Selbstverständlich, universell und für alle Menschen", stimmte er zu.

Ich schaute mir noch den kleinen buddhistischen Tempel an, dann stieg ich auf gleichem Weg wieder zurück ins Tal.

In der darauf folgenden Nacht zeigten sich wieder die gleichen Symptome der Höhenkrankheit. Kurzatmigkeit und Kopfschmerzen stellten sich ein und ich fand keinen erholsamen Schlaf. Ich war verzweifelt und versuchte mir Mut zu machen, las in der Baghavadgita den Gesang des Erhabenen und übte lustlos auf meiner Sarangi. Auch das Musizieren macht nur dann Freude, wenn man richtig gesund ist. So quälte ich meinen Körper durch die Nacht und befahl ihm so gut es ging dem Geist zu gehorchen, konzentriert zu üben und in der Meditation nicht einzunicken.

Am nächsten Morgen brach ich zu meinem nächsten Ausflug auf.

Das historische Kloster in Braga war leider wieder verschlossen. Ich fragte in der Nachbarschaft nach dem Schlüssel, aber die verantwortliche Person war nicht zu finden.

Also hielt ich mich dort nicht länger auf, sondern erkundigte mich nach einem Wanderweg zum Eissee. Der kleine Pfad, der mir beschrieben wurde, war sogar ausgeschildert und verlief am Hang entlang auf ein kleines Plateau, dann steil weiter bergauf. Der Anstieg war anstrengender als der am Tag zuvor. Immer wieder hielt ich an, um tief durchzuatmen. Bisweilen beschlichen mich Gedanken, die mich zum Aufgeben bewegen wollten, doch ich wollte unbedingt zu diesem mystischen See, trotz aller Strapazen. Gegen Mittag kam ich in eine fjellartige, karge Gebirgslandschaft. Ich überquerte einige Schneefelder und fand, zwischen sechstausend Meter hohen Bergen, eingebettet in eine Landschaftsmulde, den Eissee. Dieser See macht seinem Namen alle Ehre. Halb von Eis bedeckt, lag er da, wie eine Vulva der großen Muttergöttin, an seinem Ausgang ein kleiner Wasserfall, der sich in das darunter liegende Tal ergoss. Ich war trotz aller Qualen sehr glücklich in diesem Moment, labte mich an dem frischen Wasser ausgiebig und verweilte an einem geschützten Platz in der warmen Mittagssonne.

Große Muttergöttin! Wie tief und geheimnisvoll sind deine Wasser,
Ach wäre ich das Land ringsherum mit all seiner Natur und dürfte deine Wasser trinken,
Ach wäre meine Seele wie ein Schwan und dürfte in deinem Schoß verweilen,
In seligem Frieden im Zustand des Samadhi, den Aufgang der Sonne erwartend.
Meine Geliebte, so groß ist meine Sehnsucht, dass ich es kaum ertrage zu warten,
Doch stark ist mein Wille und geduldig warte ich auf den Tag der Erlösung.
Komm große Göttin nimm deinen verlorenen Sohn in die Arme,
Empfang den Geliebten mit deinem Leib.
In Demut und Ehrfurcht will ich dir dienen,
Mit meinem Herzen und mit meinen Taten, in ewiger Liebe.

Große Muttergöttin! Was ist das Geheimnis der Zahl vier?

Das Geheimnis der Zahl vier ist verbunden mit der großen Muttergöttin selbst, dem Symbol des Quadrats und den vier Naturen.

Das Manangtal bei Braga

Mystischer Eissee

Denke an den Garten Eden und die vier Paradiesflüsse in 1 Mose 2, 10 ff.
Denke an die vier Schicksalsflüsse Indus, Sutley, Karnali, Brahmaputra, die am heiligen Berg Kailash entspringen.
Wären alle Menschen im Gleichgewicht der vier, könnten alle Menschen in Frieden, Liebe, Harmonie und Zärtlichkeit leben.
Denke dabei an die vier grobstofflichen Elemente Erde-Feuer-Wasser-Luft mit den dazu gehörenden Temperamenten Phlegmatiker-Choleriker-Melancholiker-Sanguiniker,
an die vier Kardinaltugenden Klugheit, Gerechtigkeit, Mäßigkeit und Tapferkeit.
Denke auch an die vier Pferde des Jupiters.

Große Muttergöttin, was ist das Geheimnis der vier Pferde des Jupiters?

Jupiter ist der römische „Deus Sol invictus", der unbesiegbare Sonnengott.
Er ist auch der Erleuchtete, der die vorzügliche Vollkommenheit erlangt hat und wird dargestellt als Lenker von einem Gespann mit zwei Mal zwei Pferden.
Das linke Gespann symbolisiert den physischen Körper und den aus Äther bestehenden Lebensleib. Das rechte Gespann symbolisiert die Doppelnatur der Geistseele mit der Fähigkeit zu „denken" und zu „fühlen".
Das Ich, das seine Körper und Geistseele unter Kontrolle hat, herrscht in der Meditation über die Elemente Erde, Wasser, Feuer, Luft.

Ein Mensch, der über alle Naturen die Herrschaft erlangt hat, ist vorzüglich vollkommen!

Große Muttergöttin, was versteht man unter der vorzüglichen Vollkommenheit?

Nach Aristoteles ist der Mensch in der Lage, eine vorzügliche Vollkommenheit zu erlangen,
durch Fleiß, Ausdauer und ständiges Üben.
Dem gegenüber ist die absolute Vollkommenheit, dem Urgrund allen Seins, vorbehalten.

Der Abstieg von den steilen Berghängen ging fast genauso in die Knochen wie der Aufstieg. Über drei Stunden stolperte ich eher hinunter, als dass ich ging, denn die Symptome der Höhenkrankheit machten sich zunehmend bemerkbar. Meine Kräfte schwanden dahin, Kopfschmerzen und Schwindelgefühle stellten sich ein. An einer schmalen, nicht ungefährlichen Stelle bekam ich plötzlich eine Kreislaufschwäche. Als ich den Anflug bemerkte, blieben mir noch zwei oder drei Sekunden für ein Gebet. In meiner Not rief ich nach der mir nahe stehenden höchsten Instanz: „*Kosmischer Christus, du Allliebe aus dem Allgeist* …“ – dann verlor ich das Bewusstsein, mir wurde schwarz vor den Augen, ich sackte zusammen und blieb am Wegesrand für einige Sekunden bewusstlos liegen.
Ein Geier kreiste über mir, als ich erwachte – „… *ich danke dir aus ganzem Herzen.*“
Vor Erschöpfung pinkelte ich in die Hose, richtete mich nicht sofort wieder auf, sondern atmete, auf dem Boden liegend, erst einmal weiter.
Als ich am Abend in meine Lodge kam, ging es mir etwas besser, denn im Tal war die Luft nicht so dünn wie in den Bergen. Schlaf und angenehme Nachtruhe sollte ich aber immer noch nicht finden.

Lämmergeier

Pilgerkultstätte bei Mungli

Blick auf Manang vom Fuße des Gangapurna

Stadtmitte Manang

Zu Gast an Buddhas heiliger Stätte

5. Etappe: Mungli – Manang

Am nächsten Morgen zog ich weiter nach Manang. Die kleine Distrikthauptstadt mit ca. 1000 Einwohnern liegt auf 3500 Metern Höhe und ist die letzte größere Ansiedlung vor dem Thorung La Pass. Es erstaunt, in dieser kargen Landschaft einen größeren Ort vorzufinden. Ich sah auch Touristen und Bergwanderer. Das Angebot an Restaurants und Unterkünften ist groß. Es gibt ein kleines Museum, ein Kino und sogar Bäckereien und Cafés.

Ich wusste, dass ich in meinem Gesundheitszustand den Aufstieg zum 5400 Meter hohen Pass so schnell nicht schaffen würde, deshalb beschloss ich zwei weitere Tage zur Akklimatisation hier zu bleiben, um kleinere Ausflüge in der näheren Umgebung zu machen. Der Besuch der Bhojo Gompa, einem buddhistischen Kloster, vor den Toren von Manang hinterließ bei mir einen tiefen und nachhaltigen Eindruck.

Bei meiner Ankunft fand gerade ein Gottesdienst statt. Ich spitzte zum Eingang hinein und sah Mönche, Nonnen und Laien auf ihren Matten sitzen. Eine freundliche Person sah mich, winkte mich herein und bedeutete mir Platz zu nehmen. Ich zog meine Schuhe aus und betrat demutsvoll die Kirche Buddhas. Dann suchte ich mir einen freien Platz und ging in meine Meditationshaltung. Ich saß mitten unter den Gläubigen. Die Stimmung war sehr feierlich und aufregend zugleich, weil doch alles für mich so fremd und neu war. Es ertönten Fanfaren, Zimbeln, Gongs und andere akustische Instrumente. Bisweilen kehrten Momente der Stille ein, dann murmelten Mönche ihre Gebetsformeln. Wenn sich die Gläubigen erhoben und zu Boden fallen ließen, tat ich es ihnen nach. Mein Verhalten wurde mit Genugtuung aufgenommen. Ich spürte in diesem Tempel eine sehr starke kosmische Energie und dankte dem großen Buddha, dass er mich, den Wanderer zwischen den Welten, so freundlich aufgenommen hatte und den Nektar des Unsterblichen schmecken ließ.

Die Abendstunden in meiner Lodge nutzte ich wie immer zur Meditation und der Lektüre aus dem „Gesang des Erhabenen".

An jeder Handlung sind fünf Faktoren beteiligt: der Körper, das Ego, die getäuschte Seele, das Verlangen, das die Handlung herbeiführt, und die Vorsehung. Was immer ein Mensch unternimmt, immer sind diese fünf Faktoren beteiligt. Deshalb irrt ein Mensch, wenn er denkt, er allein sei der Handelnde. Doch ein Mensch, der selbst inmitten des Handelns selbstlos ist, ist ewig frei, ganz gleich was er tut.
(BG 13 – 14)

Geliebte Muttergöttin! Was bedeutet das Ego und die getäuschte Seele?

Im Sanskrit gibt es zwei Wörter für das Ego. Das erste „Ich", das sich selbst als „Ich" bezeichnet, ist die getäuschte Seele **Ahamkara.** *Sie ist* **ich-verhaftet** *und sieht die Dinge* **subjektiv**. *Viele Leute glauben, dass dieses das wahre Ich ist und identifizieren es mit ihren Denkweisen, ihren Gefühlen und den Eigenschaften des physischen Körpers.*
Es gibt aber ein zweites subtileres Ich, welches **Antaratman,** *der* **„Beobachter"** *genannt wird. Es besteht aus kosmischem Bewusstsein und entspringt dem göttlichen Geist des Urgrunds. Nach dem Ableben des physischen Körpers tritt der Antaratman verstärkt in Erscheinung und liest sozusagen in dem Gedächtnis des „eigenen Ichs". Es entsteht das Lebenstableau, die Schau des eigenen vergangenen Lebens mit dem höheren* **objektiven** *Bewusstsein des „Beobachters".*

In den östlichen Philosophien, zum Beispiel bei Patanjali, taucht in Bezug auf das Ego ebenso der Sanskrit-Begriff **„Asmita"** *auf, was soviel bedeutet wie* **„Ich-bin-heit"**. *In den Sutren wird dieses „Ich" paradoxerweise den Kleshas, den Verhaftungen, zugerechnet. Meiner Meinung nach haben sich hier in der Rezeption dieser Texte falsche Auslegungen eingeschlichen, denn einige Autoren assoziieren mit der Bezeichnung „Asmita" oder noch besser „Sasmita" zu Recht das* **subtilere höhere Ich-Bewusstsein**.

Welche Vorstellung von „Ich" haben wir in unserem westlichen Kulturkreis?

In der Alltagssprache sagen wir manchmal: „Dieser Mensch hat ein großes Ego", und meinen damit einen Egoisten. Rudolf Steiner wiederum spricht von dem „Ich" als von dem individuellen, höheren geistigen Wesen. Siegmund Freud, der Begründer der Psychoanalyse, prägte den Begriff des „Über-Ich" und meinte damit das Gewissen. Dieses „Über-Ich" ist aber in keinem Falle gleichzusetzen mit Antaratman, dem „Beobachter", denn während der „Beobachter" sozusagen göttlichen, vollkommenen Ursprungs ist, in griechischem Sinne „archaisch", ist Freuds „schlechtes Gewissen" ein Resultat unserer Erziehung auf Grund der gerade bestehenden gesellschaftlichen Norm, die sich aber zeitlich bedingt ständig verändert.
Im westlichen philosophischen Sprachgebrauch hat sich für das „Ich" etwa gleichbedeutend auch noch der Terminus des „Selbst" tradiert.
Die erste entscheidende Frage ist nun: Hat das „Ego", „Ich", „Selbst" eine Doppelnatur oder ist es nur eines der beiden oben gegenübergestellten Aspekte wie zum Beispiel bei Steiner?
Nach meiner Meinung hat es eine Doppelnatur mit fließenden Übergängen und einem mittleren Selbst, denn es gibt keinen Menschen, der nur egoistisch und subjektiv ist. Es gibt keinen Menschen, der nur kosmisches Bewusstsein hätte und keinen Leib, keine Hülle. Nur Gott selbst, der Urgrund allen Seins, ist absolut vollkommen, reinsten Bewusstseins und leibfrei.
Die zweite entscheidende Frage ist: Wo ist der Unterschied zwischen dem „Ego", „Ich", „Selbst" und der Geistseele.
Die Geistseele ist, wie in Kapitel 2 betrachtet, reines Bewusstsein und nicht an Raum und Zeit gebunden, hat aber immer einen individuellen, morphogenetischen Lebensleib, in den vergleichsweise kurzen Abschnitten des irdischen Daseins auch den physischen Körper.
Das „Ego", „Ich", „Selbst" ist im Aspekt seines mittleren „Ego", „Ich", „Selbst" mit allen seinen Eigenschaften wesentlich mehr an Raum und Zeit gebunden als die Geistseele.
Wenn der physische Körper stirbt, tritt das gewohnte Verstandesdenken, der Intellekt, zurück, während das höhere kosmische Bewusstsein im Menschen erwacht.

Logisch durchdacht muss das „Ego", „Ich", „Selbst" auch die individuellen, **physischen** *Merkmale eines Menschen mit einschließen, denn niemand würde ernsthaft behaupten, dass zum Beispiel „diese Nase" oder*

„dieses Gesicht", welches ich in einem Spiegel erblicke, nicht zu meinen individuellen Merkmalen gehört.
Hingegen gehören die spezifischen Arteigenschaften, wie zum Beispiel, dass alle Menschen ein Augenpaar haben oder dass alle Menschen von Natur aus Denken können, nicht zu meinem „Ego", „Ich", „Selbst".

Um den Definitionsreigen in diesem Zusammenhang abzuschließen, kann aus dem oben Gesagten der Begriff der **Gesamtpersönlichkeit** *als ein Gesamtes aus artspezifischen Eigenschaften und persönlichen Merkmalen und Qualitäten abgeleitet werden – aber dies nur am Rande.*

Große Muttergötttin! Was ist das Geheimnis der Zahl fünf?

Nach Pythagoras ist das Geheimnis der Zahl fünf verbunden mit dem Pentagramm, gebildet aus fünf Dreiecken. Jedes dieser Dreiecke steht für einen der fünf Körper des Menschen. Das Pentagramm symbolisiert somit die vorzügliche Vollkommenheit des Menschen in Betrachtung seines physischen und seiner feinstofflichen Körper, wie Ätherisches Doppel, Astralleib, Mentalleib, sowie seines feinstofflichsten, zukünftigen Lichtkörpers, des Kausalleibs.
Bei einem Menschen, der die Erleuchtung noch nicht erfahren hat, ist der Kausalleib in einem gewissen embryonalen Zustand vorhanden. Im Augenblick der Erleuchtung entsteht durch Mischung der beiden ätherischen Kräfte von elektrisch-männlicher und magnetisch-weiblicher Energie eine kugelförmige Aura.
Diesen Moment im Leben nennt man die Heilige Kommunion, die Gralsweihe oder die Erleuchtung, die Verschmelzung des Höheren Selbst mit der Gottheit. Es ist der tiefste und schönste Moment aller irdischen Leben, weil es kein Zurück mehr gibt, keine Wiedergeburt, nur noch unendlich silber-goldenes Licht im Zustand des Samadhi.

Auf dem Odilienberg bei Straßburg befindet sich ein Standbild der Heiligen Odilie, Schutzpatronin der Elsässer und ursprünglich mit einer ganz besonderen Beziehung zur alt-irischen Kirche. In ihrer Hand trägt sie den Äbtissinenstab, bekrönt mit den fünf Gliedern des Menschen, umschlungen von einem Kreis, den Symbolen des zukünftigen erleuchteten Menschen

in seinem Kausalkörper. Ähnlich zeichnete Leonardo Da Vinci den wohlgeformten Menschen, den „Mann von Vitruv", mit vier Beinen, vier Armen **und** *einem Kreis. Das ist keine zufällige Parallele zu dem, was in Kapitel drei über die Ätherkräfte bezüglich buddhistischer und hinduistischer Götterdarstellungen gesagt worden ist, sondern hat synonyme, archaische Bedeutung. Vitruv war übrigens römischer Architekt und Schriftsteller. Er lebte im 1. Jahrhundert vor Christus und erklärte in seinen Werken Lehrsätze von Platon und Pythagoras. Es schließt sich im wahrsten Sinne des Wortes „der Kreis".*
In den Uragh-woods in Südwest-Irland gibt es eine alte Kultstätte aus der Bronzezeit. Es handelt sich um einen Steinkreis der Kategorie: „Five-stone circle" (Fünfer-Steinkreis) Die fünf Steine sind im Pentagramm nach astronomischen Vorgaben in Ost-West-Richtung ausgerichtet. Zwischen den Steinen war ein Initiationsgrab, in das der Adept unter den Sternenhimmel gelegt wurde, um über sich den Kosmos in einer Art Verharrungszustand zu erfahren. Der Stein, der hinter dem Kopf des Initianden stand, ist spitz und dreimal so groß wie die anderen. Er sollte die kosmischen Energien wie eine natürliche Antenne in den Körper leiten. An Kraftorten wie diesem ist das durchaus möglich. Es muss natürlich alles stimmen, nicht nur die geomantischen Verhältnisse, sondern auch die innere Einstellung und die sensitiven Fähigkeiten.

In Manang traf ich auch Edgar aus Kärnten. Er erzählte begeistert von seinen Wandererlebnissen. Von der lästigen Höhenkrankheit, wie *ich* sie mir zugezogen hatte, war der rüstige Sechziger verschont geblieben.
Edgar beabsichtigte einen Abstecher zum Tilicho Lake.
Das ist ein großer, heiliger See auf 5000 Metern Höhe, zwischen dem Tilicho Peak und den Bergen von Muktinath. Man erreicht ihn von Manang aus auf einem Wanderweg. Eine Berghütte lädt den Wanderer zur Übernachtung ein.
Nach Darstellung der Einheimischen handelt es sich bei dem Tilicho Lake um einen Ort* der Weissagung. Um den See rangt sich die Legende von der heiligen Krähe, die dem Mythenvogel Garuda das Ramayana Epos verkündet haben soll.

* Es gibt derer mehrere im hinduistischen Kulturkreis, um die sich das Ramayana-Epos rankt.

Hinter Garuda verbirgt sich auch hier ein Synonym der Wildgans, auch hier das Mysterium des Seelenvogels.

Garuda ist im Mythos das Reittier Vishnus, ähnlich wie Hamsa für Brahmā (siehe Kapitel 1). Das bedeutet, dass derjenige, der in der Kontemplation auf dem Seelenvogel reitet, die Zügel in der Hand hat, um sich selbst ins Ziel zu bringen, in unser aller Ziel, ins Paradies, ins Nirwana, in die Welt der Ideen, der wahren und guten.
In einem anderen Mythos soll Garuda von den Göttern das Amrita (sanskrit, wörtlich: unsterblich), den Lebensnektar gestohlen haben (ähnlich wie Herakles einst die goldenen Äpfel in den Gärten der Hesperiden). Der Gott Indra (ein Demiurg!) entdeckte den Diebstahl, gewann das Amrita zurück, aber wurde besiegt und sein Donnerkeil zerbrochen.
Garuda wird auch als Vogelmensch dargestellt, der eine oder zwei Schlangen in den Klauen hält. In Mesopotamien erscheinen Motive mit gleicher Bedeutung auf einem Opferbecher des Königs Gudeas von Lagash (ca. 2600 v. Chr.).
Auf einem rekonstruierten Römergrab im Hunsrück bei Idar Oberstein finden wir einen Adler, der eine Schlange in den Klauen hält.
In unserem Kulturkreis finden wir diese Motive, wie in Kapitel 2 in ähnlichem Zusammenhang erwähnt, schon ab der mittleren Bronzezeit. Ab dieser Zeit häufen sich die Darstellungen von Vogelsonnenbarken der Urnenfelderkulturen (siehe Schwertträgergrab von Acholshausen, 1050 v. Chr. und Bronzeeimer von Unterglauheim späte Bronze – frühe Eisenzeit).
Die meisten dieser Mythen, Darstellungen auf Grabbeilagen und prähistorischen Zeichnungen haben ihre Ursprünge in den Mysterienstätten, wo sie bildhaft von den Meistern, Priestern oder anderen Würdenträgern erzählt oder als Rollenspiel szenisch dargeboten wurden.
Dahinter stand die Absicht, den Schüler zu initiieren und ihn mental auf den Vorgang der Erleuchtung, die Erweckung der Schlangenkraft Kundalini und den Flug des Seelenvogels Hamsa, Wildgans, Schwan oder Garuda, vorzubereiten. Dahinter stand das lohnende Ziel, den Kreislauf von Geburt und Wiedergeburt zu durchbrechen und in das Paradies zurückzukehren.

Es ließen sich wahrlich dutzende solcher Funde von sakralen Grabbeilagen und Dutzende von tradierten Mythen zur Betrachtung heranziehen, um diese Thesen zu bestätigen.

Das Wissen um Reinkarnation und Selbsterlösung hat der Mensch in Tausenden von Jahren den demiurgischen Kräften abgerungen. Auch die frühen gnostischen Kirchen und Teile der frühen alt-irischen Kirche pflegten die Initiation und wussten um den Dualismus in der Götterhierarchie. Das Aufkommen des Christentums im Römischen Reich und die Verbreitung der paulinischen, römisch orthodoxen wie arianischen Lehre standen in einer Art Konkurrenz zu den im Niedergang begriffenen griechisch-römischen Mysterienkulten, den gnostischen Glaubensströmungen und den heidnischen, in unserem Kulturkreis bekannten keltischen, später germanischen, Naturreligionen.
Im frühen Mittelalter kam es durch die irischen Wandermönche zunächst zu einer friedlichen Missionierung der Heidenvölker West- und Mitteleuropas. Gegenüber der römischen Mission hatten die Iro-Schotten den Vorteil, dass sie die Sprache der Heiden nicht nur verstanden, sondern in dieser auch lehrten und predigten. Darüber hinaus brachten sie keltische und druidische Traditionen mit, die ähnlich denen der Völker Mitteleuropas waren.
Die Heiden öffneten sich der neuen Lehre und es kam zu einer friedlichen Verschmelzung unter Beibehaltung der alten Traditionen. Diese Symbiose symbolisierte das damals aufkommende, allen sichtbare Sonnenkreuz, auch keltisches Kreuz genannt. Es war Zeichen für einen neuen Glauben an einen unbesiegbaren, christlichen Sonnengott, ätherisch-geistiger Natur.

In der karolingischen Epoche verlief die Missionierung anders. Mit dem Auftritt von „Karl dem Großen" zeichnet sich eher ein düsteres Bild christlicher Missionsgeschichte. „Karl der Große" gilt unter Historikern als der Begründer des Feudalismus, was soviel bedeutet wie Machtanspruch einer Adelsclique, Ausbeutung und Unterdrückung der Untergebenen, Missionierung der Heiden mit Gewalt, Feuer und Schwert.
„Karl der Große" ist ein prominentes, historisches Beispiel, wie sich Menschen mit politischer Macht von demiurgischen, zerstörerischen Kräften einfangen und missbrauchen lassen.

Ich teile nicht im Geringsten die Ansicht mancher Historiker und auch mit Abstrichen nicht die von Rudolf Steiner, dass „Karl der Große" der „Wegbereiter" des Christentums gewesen war. Die großen Wegbereiter des Christentums in West- und Mitteleuropa waren die Wandermönche und Laienprediger des frühen Mittelalters, deren eben der größte Teil im Umfeld der irischen Mission zu finden ist. Entgegen der landläufigen Meinung, dass diese Entwicklung erst nach der Taufe Clodwigs (500 n. Chr.) und dem Hl. Columcille (543 – 615) in Gang gekommen ist, vertrete ich die Auffassung, dass schon rund 150 Jahre vorher Pelagius und noch früher Priscillian zum Kreis der Iro-Schotten zu zählen sind.
Was ein Verdienst um des Glaubens willen anbelangt, so verhält es sich aus Sicht der geistigen Welt und des Karma-Gedanken so:
Ein einziger unbekannter, nicht in die Geschichtsbücher eingegangener, irischer Wandermönch hat sich unendlich viel mehr gutes Karma geschaffen als Karl, der so genannte „Große".

Jesus aber sagte zu ihnen: Wahrlich ich sage euch: Es gibt niemand, der Haus oder Frau oder Brüder oder Eltern oder Kinder verlässt um des Reiches Gottes willen, der es nicht vielfach wieder empfängt in dieser Zeit, und dann in der zukünftigen Welt das ewige Leben.
(LK 18, 29 – 30)

Auch Sokrates, so lässt uns Platon im Gorgias wissen, beruft sich auf das Gesetz des „Karma", wenngleich er es als ein Gesetz der „Natur" bezeichnet. Für beide Philosophen steht dahinter, von den Pythagoreern tradiert übernommen, die Idee des Guten. So heißt es in einem Dialog zwischen Sokrates und Kallikles:

Immer hat den eigentlichen Schaden der, der Untaten begeht, nicht der, an dem sie begangen werden!
(Gorgias, 509C)
… und dass nicht einer seinem Geschicke entrinnen könne, für das die Gottheit verantwortlich ist, so wie es die Weiber erzählen …
(Gorgias 512E)

Fände die Lehre des Karma und der Reinkarnation nach 1400 Jahren Ächtung durch die Kirche endlich wieder Eingang in die christlichen Glaubensgemeinschaften des Westens, würden sich auch das Bewusstsein und das Handeln der Menschen im Alltag mit- und untereinander zum Positiven verändern. Der Gedanke des Karma im Bewusstsein westlicher Gesellschaften verankert, würde die Menschen zu einer besseren und wertvolleren Lebensweise führen. Darüber hinaus böte sich auch noch die Grundlage für eine dringend benötigte, soziale Ethik. Ich denke da zum Beispiel an die Interessen von Ökonomie und Kapital einerseits und die Rechte von Arbeitnehmern andererseits. Wer sich als Unternehmer gutes „Betriebskarma" schaffen will, der denke zu allererst an seine Bediensteten und nicht in erster Linie an den höchst möglichen Gewinn. Der wirtschaftliche und vor allem „menschliche Erfolg" wird nicht ausbleiben. Der „menschliche" Erfolg in zweierlei Hinsicht: Erstens schafft sich ein Unternehmer, der unter dem Aspekt der Nächstenliebe handelt, gutes persönliches Karma, zweitens ein gutes „Betriebskarma", indem sein Unternehmen Erfolg haben wird. Und drittens: Durch ein gutes Betriebsklima wird auch das Karma bei seinen Bediensteten positiv verändert. Gibt es etwas Besseres?

Om Mani Padme Hum

6. Etappe: Manang – Thorung Phedi
An einem schönen Frühlingstag, während sich das erste Leben auf den Straßen von Manang zu regen begann und die Straßencafés gerade öffneten, brach ich nach Thorung Phedi auf. Mein Rucksack war schwerer als sonst, denn ich hatte heute etwas mehr Proviant eingepackt als an den Tagen zuvor. Die lästige Höhenkrankheit war ich trotz Kopfschmerztabletten und zwei nicht eingeplanten Ruhetagen immer noch nicht losgeworden. Aber das war eben nicht zu ändern. Am Ortsausgang hatte eine junge Frau ihren kleinen Stand mit Schmuck und Keramikwaren aufgebaut. Sie sprach mich an und bat mich etwas zu kaufen. Ich schaute mir die angebotenen Waren an und nahm neugierig eine Klangschale in die Hand. Unterwegs waren mir hin und wieder Klangschalen angeboten worden, die aber nicht die gewünschten Merkmale der Planetenschalen aufwiesen. Meistens handelt es sich um Massenware, die man auch in den großen Städten in jedem Souvenirladen kaufen kann. Jetzt auf dem Trail hätte ich sowieso nichts mitgenommen. In meiner Situation auch noch kiloweise Klangschalen zu schleppen, kam überhaupt nicht in Frage. Die Frau tat mir aber leid, also kaufte ich ihr aus Mitgefühl einen silbernen Armreif ab. Für gewöhnlich trage ich keinen Schmuck an meinen Händen, nicht einmal einen Ehering. Der Silberreif war die große Ausnahme. Er zierte mein Handgelenk und sollte auf meiner Reise eine Art Talisman werden. „Om Mani Padme Hum“ stand in tibetischer Schrift eingraviert darauf. Das ist das bedeutendste und heiligste Mantra der Buddhisten. Was bedeuten diese *sechs* Silben?

Wörtlich bedeuten sie: „Om, du Juwel im Lotos.“ Der Juwel symbolisiert den ***Erleuchtungsgeist Bodhichitta****. Im Buddhismus wird unter Erleuchtung nicht eine objektive Lichterfahrung verstanden, sondern eine Art Erwachen in der absoluten Leere. Durch ein tiefes Erwachen im Zustand einer absoluten Leere wird das niedere Selbst unter absoluter Kontrolle* *gehalten. Das wahre Ich kommt zum Vorschein und hat nur noch den Wunsch ins Nirwana einzugehen und den Göttern zu dienen. Es gibt mehrere Stufen dieses Erwachens. Es ist ein kontinuierlicher geistiger Vorgang, der parallel mit der Umwandlung von Äther zu tun hat, also etwas ganz Realem. Das Erwachen schließt eine Lichterfahrung bei geöffnetem drittem Auge nicht aus, doch die tiefere Wesensschau sollte jedem Wahrheitssuchenden selbst vorbehalten bleiben.*

Es ging an diesem Morgen kontinuierlich bergauf. Hinter mir zeigte sich der von der aufgehenden Sonne beschienene 7485 Meter hohe Ganga Purna. Ein riesiger Eisgletscher flankiert seine nördliche Seite. Bisweilen hörte ich das Eis von den Wänden brechen. Dann war es wieder mal, als würde Brahmā selbst das Wort ergreifen. Doch spirituelle Erfahrungen und Meditationen blieben an diesem Tag aus, weil ich zu sehr mit meinem physischen Körper und dem Erreichen des Tageszieles beschäftigt war. Trotz Höhenkrankheit und aller dazugehörigen Begleiterscheinungen erfreute sich mein Herz aber an der einzigartigen Landschaft des Himalayas. Es war sonnig und ich hatte gute Sicht. Auf der linken Seite zeigten sich karge, schneebedeckte Fünf- und Sechstausender, die auf meiner Landkarte namentlich nicht erwähnt waren. Ich lief am rechten Hang des Tales und folgte weiterhin dem Lauf des Jhorgang Khola, einem der Hauptzuflüsse des Marsyandi. Nur zwei Reiter überholten mich an diesem Morgen. An einer Berghütte traf ich sie wieder. Die beiden jungen Männer gönnten den schwer beladenen Pferden eine Ruhepause. Ich tat es ihnen nach und ließ die Körpermaschine ausdampfen. An einer Manimauer sah ich wieder interessante Tiermotive und Mandalas. Längst hatte ich die Waldgrenze überschritten und wanderte weiter durch eine teils Schnee bedeckte Stein- und Geröllandschaft. Die vielen Bäche, die aus den Seitentälern kamen, führten köstliches Wasser mit sich. Ich brauchte meinen Behälter nicht zu füllen und unnötige Last mitzuschleppen, denn das Wasser plätscherte hinter jeder Kurve.

In dem kleinen Weiler Churi Lattar kehrte ich in einer Lodge ein und bestellte mir einen guten Nepali-Tee und ein Essen.

Dort traf ich Thomer aus Israel. Wir sprachen über unsere Erlebnisse und tauschten Informationen aus. Er sah, dass es mir nicht gut ging und sagte: „Kann ich dir irgendwie helfen? Brauchst du Tabletten?“ – „Nein danke, die habe ich schon ausprobiert“, entgegnete ich. „Du solltest besser zurückgehen, nach Pisang oder Chame. Der Thorung La liegt auf 5400 Metern, das schaffst du nicht“, meinte Thomer.

Natürlich hätte ich in tiefere Regionen mit „dickerer“ Luft absteigen können, aber noch mal drei Tagesmärsche zurückzugehen, kam überhaupt nicht in Frage. Stattdessen sah ich in dieser Krankheit eine Herausforderung, ja, so etwas wie eine Chance, Körper und Natur mit eisernem Willen und göttlichem Beistand zu besiegen.
Irgendeine innere Stimme beflügelte mich, nicht aufzugeben und auf die Schutzmächte der übersinnlichen Welt zu vertrauen. Diese geistigen Beschützer sind wirklich da, wenn wir an sie glauben und sie aus tiefem Herzen anrufen. So steht geschrieben in der Heiligen Schrift:

Und Jesus sagte zu dem Hauptmann: Geh hin; dir geschehe wie du geglaubt hast. Und sein Diener wurde gesund zu derselben Stunde.
(Mt, 8,13)

„Wie weit ist es noch zum Basislager in Thorung Phedi?“, fragte ich den Wirt. „Etwa drei Stunden“, meinte dieser, „mit einigen Steigungen.“ – „Also gut“, willigte ich ein, „sagen wir vier.“
Thomer hatte schon seinen Rucksack gesattelt und sich verabschiedet. „Bis später“, rief er mir zu. „Und viel Glück!“

Vor Gungsang

Rast an einer Manimauer

Reiter mit Pferden, im Hintergrund der Gangapurna

Endlich ist das Basislager in Sicht

Es ging weiter auf dem schmalen Pfad in die Höhe. Auf über viertausend Metern machte ich plötzlich schlapp. Meine Beine waren schwer wie Blei. Kurzatmigkeit und Schwindelgefühle stellten sich ein. Dann ging ich hundert Meter, wieder eine Pause, wieder die gleichen Symptome, dann ging ich achtzig Meter, wieder die notwendige Atempause usw. Je höher ich stieg, umso mehr Atempausen brauchte ich. So ging das bis zur nächsten Bergkuppe. Ich war froh, wenn es mal ein Stückchen bergab ging, dann stolperte ich einfach vor mich hin, aber meistens ging es eben beschwerlich bergauf. Zu allem Unglück hatte ich an einer Weggabelung den falschen Weg genommen. Statt links im Tal zu bleiben, stieg ich am rechten Hang höher und höher. Ich kam an eine Behausung mit ein paar Gebetsfahnen, aber niemand lebte hier. Von hier aus konnte ich den Verlauf des richtigen Weges auf der anderen Seite des Tales sehen und wurde mir meines riesigen, unnötigen Umwegs bewusst. Um zurückzugehen war es zu spät, deshalb lief ich weiter im Vertrauen, dass die Wege doch noch zusammenlaufen würden. Doch immer steiler verlief der Weg in eine Richtung, in die ich gar nicht wollte. An einer Schnee- und Geröllhalde kam ich in eine brenzlige Situation. Es war kaum noch ein Weg zu erkennen, ich tat einige falsche Schritte, dann hing ich auf einer Geröll- und Schneescholle mit losem Untergrund fest. Einige Steine rollten schon in die Tiefe und schlugen krachend am Steilhang auf. Ich wusste ganz genau: „*Ein* falscher Schritt und das ganze Ding fängt an zu rutschen. Ich versuchte mit langsamen Bewegungen mein Gleichgewicht zu halten und setzte mich vorsichtig hin, jede Verschiebung des Untergrundes genau beobachtend. Ich konnte jetzt weder vor noch zurück und musste vor Verzweifelung weinen. Was sollte ich in dieser Lage tun?
Vollkommen erschöpft blieb ich erst einmal sitzen und betete mit geschlossenen Augen:

Kosmischer Christus
Du Allliebe aus dem Allgeist
Komm gib mir Kraft

Du warst immer in mir
Ich bin ein Funken aus deiner göttlichen Flamme
Komm und hilf mir
Kosmischer Christus
Ich bitte dich von ganzem Herzen!

Manchmal passieren Dinge im Leben, die nicht so einfach zu erklären sind und trotzdem passieren sie. Als ich die Augen öffnete, traute ich meinen eigenen Sinnen nicht. Mitten in dieser Einsamkeit kam plötzlich ein junger Mann mit einem Tirolerhut, einem Rucksack und einem Wanderstock leichten Schrittes daher gewandert. Sein langes lockiges Haar schimmerte in der untergehenden Abendsonne. Er schien meine prekäre Lage erkannt zu haben, kam eilig auf mich zu und rief: „Nicht bewegen, ich helfe dir!" Während er sich mit vorsichtigen Schritten näherte, tastete er mit seinem Stock im Schnee und Matsch herum. Dann ging er leicht in die Hocke, streckte mir seinen Stock entgegen und zog mich auf eine Stelle mit festem Untergrund. „Vielen Dank!", sagte ich erleichtert. „Danke!" Der junge Mann lächelte und sprach: „Welch einen schönen Rucksack du hast." – „Ja, das ist ein Schweizer Militärrucksack", antwortete ich. „Bist du aus der Schweiz?" – „Nein, ich bin aus Südtirol, aber ich kenne die Dinger." – „Ja, sie sind sehr stabil und robust. Wie weit ist es noch zum Basislager?", fragte ich. „Vielleicht noch eine Stunde. Es geht gleich bergab. Du musst über den Fluss auf die linke Seite des Tales. Sei vorsichtig, es ist sehr steil und glatt." – „Berg runter ist besser als Berg hoch", entgegnete ich. „AMS hat mich erwischt, weißt du, wie das ist? Deine Beine sind schwer wie Blei, dein Atem geht kurz und schwer, dir ist kotzübel und du fragst dich, warum du dir das alles angetan hast." – „Du wirst es schaffen", meinte er aufmunternd. Dann verabschiedete er sich eilig und verschwand in die Richtung, aus der ich gekommen war. Ich schaute ihm noch eine Weile hinterher, wie er leichtläufig über den Schnee wanderte, als würde er dahin levitieren.
Was für eine seltsame Begegnung mit einem hübschen, jungen Mann in der Einsamkeit des Himalayas?

Auch ich nahm die Wanderschaft wieder auf, doch meine Glieder waren steif und schwer, meine Hosenbeine nass und klamm. Nebel kam auf und ich war froh, als der Weg endlich wieder abwärts ins Tal führte.
Kurz vor der Dunkelheit erreichte ich mit letzter Kraft das Basislager Thorung Phedi.
Die letzten Meter zur Lodge tat ich buchstäblich in Zeitlupe. Alle zwanzig Meter eine Atempause. Jeder meiner Schritte war sieben Mal schwerer als sonst. Noch nie auf meinen Wanderungen war mir so etwas passiert.
In der Lodge war es warm und gemütlich. Die Herbergsleute hatten Gasöfen zwischen den Tischen aufgestellt und bedienten die Gäste mit der typisch nepalesischen Freundlichkeit. Thomer aus Israel und der Südafrikaner waren da, einige Nepalesen, vermutlich Träger, und zwei indische Pilger. Ich setzte mich zu Thomer und dem Südafrikaner, bestellte eine Kanne Tee und erzählte den beiden Männern von meinem unnötigen Umweg. „Gehst du alles ohne ‚Guide'?", fragte mich der Mann aus Südafrika. „Ja, ich gehe alles allein", sagte ich. „Das wäre mir zu anstrengend", meinte er. „Ich gebe meinem ‚Guide' jeden Tag fünf Dollar, er spricht gutes Englisch, kennt die besten Unterkünfte und trägt mein Gepäck. Ich brauche nichts schleppen und bin nicht allein, wenn etwas passiert. Gibt es etwas Besseres? Im Übrigen sind die Leute froh, wenn sie sich was dazu verdienen können." – „Das ist richtig", entgegnete ich, „fünf Dollar am Tag ist nicht zu viel. Aber weißt du was: Der eine meint, er braucht einen Träger, der andere meint, er braucht keinen. Und das schöne im Leben ist, dass beides in Ordnung ist." Der Südafrikaner lachte über meine Worte und sagte: „Ich bin doch nicht verrückt und schleppe das alles den Berg hinauf." Zwischenzeitlich bekam ich meinen bestellten Tee serviert, vom Chef des Hauses persönlich. Er hatte unser Gespräch mitbekommen und fragte: „Brauchen Sie einen Träger, Sir? Ich habe Sie gesehen, als Sie angekommen sind. Sie sehen krank aus." – „Was kostet ein Träger?", fragte ich neugierig. „Bis zum Pass 20, bis nach Muktinath 40 Dollar!" – „Das ist teuer", sagte ich, „sehr teuer." – „Bis zum Pass sind es

sechs Stunden steil bergauf, das dürfen Sie nicht vergessen, ohne Gepäck und wenn man gesund ist“, fügte er mit einem selbstsicheren Grinsen hinzu, wohl glaubend, mich überzeugt zu haben. „Nie und nimmer“, dachte ich, „lieber versuche ich es mit einem weiteren Tag Ruhepause allein, als mich von diesem Geschäftemacher über den Tisch ziehen zu lassen.“ Ich mag es nicht, wenn man aus der Not von anderen ein Geschäft macht. Der Preis war unüblich und viel zu hoch. „Heute haben sie wieder zwei Leute mit dem Hubschrauber abgeholt und nach Pokhara ins Hospital geflogen“, meinte der Mann und versuchte, mir noch ein bisschen Angst zu machen. „Die mussten aufgeben!“

Ich erinnerte mich, am Nachmittag einen Hubschrauber gesehen zu haben und schenkte den Worten Glauben, blieb aber bei meiner Haltung und ging nicht weiter darauf ein.

Es war trotz allem gemütlich in der kleinen Berghütte. Das Essen schmeckte gut und immer mehr Wanderer kamen herein.

Ich war damit beschäftigt, in meinem Rucksack etwas zu suchen, dabei packte ich auch meine Sarangi aus. Meine größte Sorge war, dass sie die Reise nicht unbeschadet überstehen würde.

„Was ist das für ein Instrument?“, fragte Thomer neugierig. „Das ist eine nepalesische Bergfiedel“, sagte ich. „Kannst du darauf spielen?“ – „Nein, nicht richtig, ich lerne erst. Dieses Instrument klingt sehr schön, und das Geniale ist, dass es so klein und einfach und trotzdem *vollkommen* gut konstruiert ist. Es ist wichtig, dass man ein Instrument hat, auf dem man eine *chromatische* Tonleiter spielen kann, verstehst du?“ – „Wie meinst du das?“ – „Schau!“, sagte ich, während ich die Sarangi in die Hand nahm, die Saiten anzog und versuchte, sie in Stimmung zu bringen. „Spielst du ein Instrument?“ – „Nein, als Kind sollte ich immer Klavier lernen, aber ich bin über die ersten zehn Klavierstunden nicht hinausgekommen“, meinte er bedauernd. „Meine Eltern hätten es gerne gesehen, wenn ich es geschafft hätte, aber ich hatte in meiner Jugend zu viele andere Interessen. Heute bereue ich, dass ich nicht ein Instrument spielen kann.“ – „Ah ja, wie schade!“

Ich spielte auf der Sarangi ein paar Töne an. Do-Re-Mi-Fa-So … Dann versuchte ich dem Israeli zu erklären, was ich meinte: „Um eine harmonische Tonreihe zu erhalten, brauchst du mindestens sieben Töne, der achte ist wiederum der erste, ein Gleichklang des Ersten. Damit hast du eine Oktave und eine *diatonische* Tonleiter. Denke einmal an das Klavier! Am Klavier hast du sieben mal sieben weiße Tasten, also sieben Oktaven, richtig?“ – „Ich glaube ja!“

Um aber in allen Tonarten spielen zu können, brauchst du die Halbtöne, das sind auf dem Klavier die schwarzen Tasten, stimmt's?“ – „Das stimmt!“ – „Für die *chromatische* Tonleiter heißt das, du brauchst acht ganze Töne, sprich acht weiße Tasten und fünf Halbtöne von den Schwarzen, oder?“ – „Mit Sicherheit!“

„Hör gut zu, Thomer: Acht und fünf sind dreizehn und mit dreizehn Tönen kannst du eine vollkommene Harmonie erzielen.“ – „Hmm!“ – „Acht und Fünf sind …“ Ich hielt kurz inne, dann fiel es mir wie Schuppen von den Augen. Ein intuitiver Gedanke war mir soeben durch den Kopf geschossen. „Thomer! Na klar! … Acht und Fünf sind die Zahlen des *Goldenen Schnitts** …, der absoluten Vollkommenheit.“

---

* Goldener Schnitt: Die Teilung einer Strecke in einem ganz bestimmten, immer wiederkehrenden Verhältnis, z. B. Fünf zu Acht, Acht zu Dreizehn, Dreizehn zu Einundzwanzig usw., wie sie auch in der Natur, z. B. in den Abständen der Nodien, den Ansatzstellen der Blätter an einer Sprossachse, vorkommen. Der goldene Schnitt wurde in der Kunst und Architektur zum Inbegriff von Ästhetik und Harmonie. In der mittelalterlichen Musik spielen bei Bordun-Instrumenten, wie Dudelsack und Drehleier, ebenso in den Betonungen der Melodien, die Intervalle von Quarten und Quinten eine dominante Rolle. Gleiches gilt für die traditionelle, chinesische Musik. Quinten und Quarten stehen, wenn man die Halbtonschritte mitzählt, im Verhältnis des goldenen Schnitts zueinander (z. B: C – G – C'). In der Mathematik steht der goldene Schnitt bei Anwendung der Fibonacci-Sequenz in Beziehung zur Phi-Zahl des Kreises. Im Chakra-System stehen die ätherischen Energiefelder der Auren im Verhältnis des goldenen Schnitts zueinander.

„Noch nie was davon gehört." – „Das ist ganz einfach Mathematik … das ist Pythagoras", sagte ich begeistert.
Es war nicht so wichtig, ob Thomer alles verstanden hatte, ich nahm wieder die Sarangi in die Hand und versuchte einen weiteren Ton zu finden, doch es klang schrecklich schief und ich beschloss an einem ruhigeren Ort für mich allein zu üben.
Ich wurde mir bewusst, dass hinter der Kulisse der Erklärungen etwas passiert war. Der Wanderer zwischen den Welten war von dem Geistesblitz der Erkenntnis tief berührt, in gewissem Sinn, wachgerüttelt worden. Er begriff mehr und mehr, dass es kein Zufall war, dass er auf diesem Pilgerweg nach Muktinath eine Sarangi erworben hatte. Er begriff mehr und mehr, dass er selbst nur ein Instrument in der Hand einer verborgenen, unsichtbaren kosmischen Instanz war, dass er gekommen war, um zu entfalten, was ihm vom Urbeginn aller Zeiten als Keim in die Seele gepflanzt worden war. Er begriff, dass er einen weiteren Ton finden musste, um zu überleben, auf dieser und auf der nächsten Etappe. Er begriff, dass er noch zwei Töne finden musste, um zu vervollkommnen, den Kreis zu schließen, die *vorzügliche Vollkommenheit* zu erreichen. Er begriff, dass er diesen Weg gehen musste zum Lobpreis des geliebten Allerhöchsten, dass er gekommen war, um sich selbst die geheimsten Dinge der Schöpfung zu erklären und zu bezeugen, das große Meisterwerk des Demiurgen, der wie er selbst vom Urgrund allen Seins durchdrungen von Ewigkeit zu Ewigkeit, als Teil des großen Ganzen, immer wieder neue Welten schafft.

Wie erreicht man Erkenntnisse über die tieferen Dinge des Daseins und wie erreiche ich ein Gefühl für eine wahre und gute Idee?

In der buddhistischen Tradition wird zu den Sinneswahrnehmungen Sehen, Hören, Riechen, Schmecken, Tasten auch das Denken dazugerechnet.
Diese Sinneswahrnehmungen werden von dem physischen Leib erfahren. Dieser aber ist Ausgangspunkt für alles menschliche Leiden. Je mehr sich der Schüler von Leiden und Anhaftungen befreit, umso mehr Erkenntnis

fällt ihm durch meditative Weise zu. Durch das Erwachen in der absoluten Leere von Bodhichitta, dem Erleuchtungsgeist, ist sogar das Erkennen der absoluten Wirklichkeit möglich.
Höhere Erkenntnis erfolgt also durch Erforschung des eigenen Geistes. Den Erkenntnispfad hat der Buddha selbst beschrieben. Er ist in der Lehrrede über die Erweckung der Achtsamkeit festgehalten.
Ferner steht im Pali-Kanon geschrieben:

„Eben in diesem klaftergroßen, mit Bewußtsein ausgestatteten Leibe lehre ich die Welt erkennen, die Entstehung der Welt, die Aufhebung der Welt und den zur Aufhebung der Welt führenden Weg."

In der abendländischen Tradition sind viele erkenntnistheoretische Lehrsätze verbreitet worden. Eine relativ einheitliche Meinung herrscht über den Bereich der Sinneswahrnehmung.
Den Sinnen werden anders als im Buddhismus die fünf üblichen Sinne: Sehen, Hören, Riechen, Tasten, Schmecken zugerechnet.
Unsere Wahrnehmung kann uns aber täuschen, wie zum Beispiel John Locke herausgefunden hat. Wenn wir etwa glauben, am Himmel einen Vogel zu sehen, welcher sich bei näherer Betrachtung als Luftballon herausstellt, dann haben wir uns getäuscht.
Außerdem hat dieser Luftballon bestimmte Eigenschaften und Qualitäten, die in unserer Vorstellung von Mensch zu Mensch divergieren. Wenn wir jemandem aus der Erinnerung heraus von dem Luftballon erzählen, haben wir in unserem Gehirn ein Bild des Originals rekonstruiert. Beschreiben wir den Ballon als groß und rot, so kann es außerdem sein, dass sich mein Zuhörer eine andere Größe und Röte vorstellt als ich.
Trotzdem können wir die Sinneswahrnehmung als Erkenntnismöglichkeit heranziehen, denn die Divergenzen sind im alltäglichen Gebrauch Nuancen und lassen sich durch zusätzliche Beschreibungen für alle gleich verständlich definieren.
Zweitens erreichen wir Erkenntnis durch diskursives, logisches, analytisches Denken. Dies gestaltet sich schrittweise durch Überlegen und Reflektieren.
Drittens erreichen wir Erkenntnis durch Intuition, etwas auf einen Schlag erfassen ohne zu überlegen.

In der Meditation bedient sich der Erleuchtungsgeist verstärkt der Intuition, er bekommt eine Art Gefühl für die Wahrheit und kann es an Hand logischen Denkens und mit Hilfe der Sinne prüfen. Bei optimaler Intuition erübrigen sich die beiden anderen Erkenntniswege. Der Einfall entspricht der Idee**.*

Ich blieb zwei Tage und zwei Nächte in Thorung Phedi. Mein Zimmer war geräumig, aber unbeheizt. Die Duschen waren kalt und die Toilette ließ zu wünschen übrig, aber zwei große Fenster mit Blick auf die beeindruckende Bergwelt ließ alles zusammen in positivem Licht erscheinen. Zum Waschen und Trinken musste ich nach draußen gehen. Dort plätscherte aus einem Schlauch frisches und gutes Quellwasser. Durch die abseitige Lage meines Quartiers konnte ich mich wunderbar zurückziehen und wurde von niemandem gestört. Wenn es am Abend kalt wurde, hüllte ich mich mit einer zusätzlichen Decke ein, um nicht zu frieren. Zunächst fiel mir die Konzentration in der Meditation schwer. Sechs Nächte hatte ich schon nicht geschlafen, eine gewisse innere Spannung baute sich auf und ich hatte manchmal das ekelhafte Gefühl, irgendetwas in mir würde zerreißen, als würden zwei gegeneinander wirkende Kräfte von Kohäsion und Adhäsion in meinem Körper wirken. Allen Symptomen zum Trotz verrichtete ich aber hartnäckig meine mentalen und meditativen Übungen. In der zweiten Nacht hatte sich die körperliche Spannung endlich gelöst, wie ein Stück Eisen, das sich der Feldkraft des Magneten entzieht.

---

* In der Yogapsychologie ist der Verstand nicht in der Lage, tiefere Wahrheiten zu erkennen, weil er an sich empfindungslos ist. Diese Fähigkeit des Erkennens archetypischer Wahrheiten wird ihm von der göttlichen Monade, der Purusha-Ebene, durch Buddhi gegeben. Vgl. hierzu die Sutren des Patanjali.
Der Begriff „Intuition“ bedeutet im ursprünglichen Sinn „ein durch Gott gegebenes Erfassen“.

** Idee im platonischen Sinne

Endlich hatte ich die Zügel in der Hand und lenkte meine Gedanken und meine Konzentration dorthin, wohin ich sie haben wollte. Ich fiel in den bewussten Schlafzustand des Yoga Nidrā*.

Es war eine klare Vollmondnacht, die mich im Schoß der großen Muttergöttin zu den Sternen trug, vorbei an Jupiter und Saturn in einen Bereich, in den ich bis dahin noch nicht vorgedrungen war. Dort stand er still, der Sirius, und wartete in seiner Leere ruhig, gelassen und demütig auf die Beantwortung seiner Fragen.

Große Muttergöttin, was ist das Geheimnis des Sirius?

Das Geheimnis des Sirius ist verbunden mit der Zahl sechs und dem Hexagramm.
Das Hexagramm steht in der Herzensmitte des Erleuchteten und bedeutet die Vereinigungsform der Zweiheit, die Erleuchtung.
Erinnere dich an den Jakobsweg. Der „große Hund", der Sirius, ist der Wegbegleiter und das höhere Selbst des Wahrheitssuchenden.
Wenn der Sirius am Horizont im Westen verschwindet, steigt im Osten, dem Lauf der Sonne folgend, der Schwan auf, ein Neugeborener, der den Seelenvogel reitet und dem Erleuchteten auf seiner Bahn ins Nirwana folgt.

Nikodemus sagte zu ihm: Wie kann ein Mensch geboren werden, wenn er alt ist?
Kann er denn wieder in den Leib seiner Mutter kommen und geboren werden?
Jesus antwortete: Wahrlich, wahrlich ich sage dir: wenn jemand nicht durch Wasser (Äther!) und Geist geboren wird, kann er nicht in das Reich Gottes kommen.
(Joh., 4,5)

---

* Der „Schlaf der Kräfte" genannt, hat nichts mit dem gewöhnlichen Schlaf zu tun, sondern ist ein besonderer transzendentaler Bewusstseinszustand. Während der Körper ruht, weilt der Geist wach in einer besonderen Leere. Das Denken ist ausgeschaltet. Der Yogi gießt sein Selbst in den Urgrund allen Seins und weilt in dem Zustand intuitiver Erfahrungen.

Steiler Anstieg zum Pass von Thorung La

Über endlose Schneefelder

Steinsäulen

Glücklicher, erschöpfter Pilger auf dem Pass von Thorung La

Muktinath

7. Etappe: Thorung Phedi – Thorung La – Muktinath

Montag, 25. April, vier Uhr morgens, bei einer Tasse Nepali-Milktea in der Lodge. Mein Rucksack stand gepackt im Eingangsbereich. Der junge Mann, der mich bediente, machte einen unausgeschlafenen Eindruck, war aber trotzdem freundlich und zuvorkommend. Er stellte mir zum Aufwärmen ein Gasöfchen unter den Tisch.

Dann zahlte ich meine Rechnung und machte mich zum Aufbruch bereit. Ich wollte in aller Frühe starten, so wie es die meisten Bergsteiger tun, die von hier aus den Thorung La erklimmen. An diesem Morgen schien niemand unterwegs zu sein. Wo waren sie geblieben, die noch gestern hier eingekehrt waren und von ihren großen Abenteuern erzählten? Drei oder vier von ihnen hatte ich beim Abendessen gestern erzählen hören. Es interessierte mich aber nicht wirklich, ob sie umgekehrt waren oder noch in ihren Betten lagen. Thomer und der Südafrikaner freilich müssten längst schon über den Pass in Muktinath angekommen sein. Das Dorf mit der bekannten Pilgerstätte Jwala Mai sollte an diesem Morgen also auch mein Ziel sein, trotz Blei in den Beinen und den anderen körperlichen Beschwerden, die diese verfluchte Höhenkrankheit bei mir verursacht hatte.

Ich zahlte die Rechnung, schulterte meinen Rucksack und ging nach draußen. Der Mond war hinter den Bergen verschwunden und ein heller Stern stand am Himmel, als ich die Lodge verließ. Es war eisig kalt und der Boden war gefroren.

Plötzlich kam aus der Dunkelheit ein Mann auf mich zu und sprach mich an. „Entschuldigen Sie, Sir, gehen Sie nach Muktinath?“ – „Ja, ich gehe nach Muktinath.“ – „Darf ich mit Ihnen gehen, Sir, ich meine, darf ich Ihr Träger sein?“ Ich war erstaunt über dieses überraschende Angebot am frühen Morgen und fragte, was die Dienstleistung denn kosten würde. „Ach wissen Sie, Sir, ich gehe sowieso dort hin, ich mache Ihnen einen guten Preis. Sagen wir 500 Rupies!“ – „Das ist ein guter Preis“, sagte ich und überlegte, ob ich den Vorschlag annehmen sollte. Ich hatte das Gefühl, dass mir dieser Mensch geschickt worden war. Warum sollte ich mit aller Gewalt mein Leben aufs Spiel setzen und riskieren, in diesen Schneebergen vor Erschöpfung vielleicht noch liegen zu bleiben. Es wird auch ohne Gepäck auf dem Rücken ein hartes Stück Arbeit, diesen Pass zu erklimmen, dachte ich mir und stimmte zu: „Einverstanden! 500 ist in Ordnung. Abgemacht.“ Wir besiegelten das Geschäft mit einem Handschlag und der Nepalese strahlte über das ganze Gesicht. „Wie ist dein Name?“, fragte ich. „Tenzing! Tenzing Gurung, Sir!“ – „Also gut, Tenzing, mein Name ist Ferdinand. Du brauchst nicht immer Sir zu mir sagen.“ – „Ja, Sir!“

Es ging zwei Stunden sehr steil bergauf. Tenzing ging voraus und trug leicht und locker meinen Rucksack. Mit Tagesanbruch kamen wir an eine Berghütte, wo wir kurz einkehrten, einen Tee tranken und uns am Gasbrenner aufwärmten. Wir ereichten eine Region mit immerwährendem Schnee und stapften in den Fußspuren anderer über die Schneefelder. Es war sonnig und klar. Ich machte wunderschöne Bilder von den Sechstausendern links und rechts des Weges. Gegen 10 Uhr kamen wir wieder an eine Berghütte. Einige Steinhaufen und Menhire standen dort und deuteten eine gerade Linie zu einem Gipfel an. Das war eine interessante Konstellation, aber ich war zu schlapp, um die Steine zu inspizieren. Die beschriebenen Symptome von AMS machten sich immer mehr bemerkbar, deshalb machte ich lieber eine längere Pause. Weiter und immer weiter zog sich der Pfad. Wo waren die vielen Mulikarawanen, die mir auf den Etappen zuvor oftmals entgegen gekommen waren? Was sollten sie auch hier oben, in dieser Schnee- und Steinwüste, der Einsamkeit der Berge, wo keine Menschen mehr leben. Und ob die Götter es tun, wie es die Einheimischen erzählen, wer weiß das schon? „Ist es noch weit?“, fragte ich meinen Begleiter. „Zwei Stunden bis zum Pass, schaffen Sie es, Sir?“ – „Mit kleinen Pausen vielleicht in drei ...“, antwortete ich mit einem Seufzer, biss auf die Zähne und riss mich ein weiteres Mal zusammen. Eine Wandergruppe kam uns entgegen, sie waren von Muktinath aus gestartet und

berichteten von ihren Erlebnissen. Tenzing lief meistens voraus, machte mir immer wieder Mut und rief: „Ich kann den Pass schon sehen, noch ein kleines Stückchen und wir sind oben." Das stimmte aber nicht, denn das sagte er nur, um mich aufzumuntern und mir Mut zu machen. Erst ganz am Schluss, als sein Rufen und Locken mit einem breiten Grinsen im Gesicht Freude und Genugtuung verriet, wusste ich, dass er diesmal die Wahrheit gesagt hatte. Tatsächlich zeigten sich die lang ersehnten Gebetsfahnen, von denen er mir erzählt hatte, dass sie uns am Gipfel erwarten würden. Endlich waren wir oben. Ich konnte es kaum glauben, dass ich es geschafft hatte. Noch nie in meinem Leben hatte ich mich solch einer körperlichen Anstrengung ausgesetzt gesehen wie an diesem Tag.
Eine kleine Lodge lud zu einem guten Nepali-Milktea ein. Die zwei jungen Männer, die uns hier bewirteten, waren zwei echte Raubeine. Die Behausung, in der sie lebten, glich eher einem provisorischen Unterschlupf als einem richtigen Haus. Sicher fristeten sie hier ein hartes Dasein. Mein „Guide" zündete sich eine Zigarette an und sagte: „Gut gemacht, Sir, aber wir sollten nicht allzu lange bleiben. Es wird heute noch regnen."
Nachdem ich für einige Momente der Besinnung allein war und einige Traumfotos geschossen hatte, stiegen wir auf der anderen Seite wieder ins Tal. Vier Stunden dauerte der steile Abstieg, 1700 Meter Höhenunterschied bis nach Muktinath. Ich ersehnte diesen Ort aus ganzem Herzen. Auf 3700 Metern würde ich bestimmt wieder richtig gesund werden. Muktinath sollte in jeder Hinsicht ein Wendepunkt werden. Nicht nur auf dieser Reise, sondern in meinem ganzen Leben … Ich müsste nur noch den einen oder anderen Ton finden, damit sich alles zusammenfügte, zum Lobpreis des geliebten Allerhöchsten, zum Lobpreis der großen Muttergöttin und zum Lobpreis des Schöpfers.
Unterwegs begegneten uns zwei Frauen. Sie trugen einheimische Kleidung, aber ihre Gesichter verrieten westliche Züge.
„Hallo ihr beiden", sagte ich, „geht ihr zum Thorung La?" – „Ja, wir machen einen kleinen Ausflug", sagte die eine. „Es ist sehr schön da oben, ihr solltet euch aber beeilen, es sieht nach

Regen aus." – „Ja, hoffentlich schaffen wir es noch, wir wollen schließlich auch noch zurück." – „Kommt ihr aus Muktinath?" – „Ja!" – „Vielleicht sehen wir uns heute Abend dort", sagte ich. „Ja, bestimmt!" – „Bis später!"

Endlich waren die ersten Häuser von Muktinath Phedi in Sicht. Der Abstieg ging gewaltig in die Knochen und wir hatten großen Hunger. Deshalb kehrten wir in Muktinath Phedi in einem Teehaus ein. Hier saßen auch andere Wanderer und die zwei indischen Pilger, die ich zwei Tage vorher getroffen hatte. Sie machten einen niedergeschlagenen Eindruck. Die Strapazen waren allen anzusehen. Ich bestellte mir und meinem „Guide" ein Essen und Tenzing rauchte genüsslich eine Zigarette. Stolz erzählte er seinen Freunden vom Teehaus, dass er einen Mann aus Deutschland über den Thorung La gebracht hatte. Während wir beim Essen waren, braute sich in den Bergen ein Gewitter zusammen. Ich fürchtete, doch noch unfreiwillig geduscht zu werden und kam mit Tenzing überein, recht bald aufzubrechen. Bis zu unserem Ziel war es ja nicht mehr weit.

Dann marschierten wir in Muktinath ein. Der Weg führte direkt zum Tempelbezirk, der, von einer weißen Mauer umfriedet, in einem von Laubbäumen bewachsenen Park liegt.

Mein Herz hüpfte vor Freude im Leibe, als wir vorbei an einigen Stupas und Gompas den Bereich des Jwala Mai betraten, wo in der Form eines Omegas 108 Wasserspeier den Pilger zur Reinigung erwarten.

Langersehntes Ziel, endlich da, endlich geschafft, wie gut hier zu sein, nach all den Mühen und Anstrengungen der letzten Tage. Es hatte sich gelohnt und alles war viel schöner und aufregender als ich es mir vorgestellt hatte.

Am Vishnutempel der Dolamebar Gompa trafen wir eine buddhistische Nonne, eine Bekannte von Tenzing. Er stellte mich der Frau vor und sie lud uns spontan zu einem Tee ein. Danach wollte ich mich zuerst um eine Unterkunft kümmern. Wir gingen am Hubschrauberlandeplatz vorbei ins Dorf. Einige reiche Pilger aus Indien waren gerade gelandet und begegneten uns.

5416 m ü. M. – Der höchste Punkt der gesamten Strecke

Abstieg nach Muktinath

Tenzing amüsierte sich über sie. „Warum lachst du?", fragte ich. „Hast du das viele Gold an den Fingern gesehen? Ha, ha! Diese Leute kommen hier her geflogen und glauben ihr Karma zu löschen, ha, ha! Das nennen sie Pilgerfahrt. Ha, ha!"
In Muktinath belegte ich ein Zimmer in einem Hotel, das mir mein Führer empfohlen hatte. Hier wollte ich ihm seinen Lohn geben und mich von ihm verabschieden.
Ich zog meine Geldbörse und gab ihm 800 Rupies, das war einiges mehr als ausgemacht. Ich war letztendlich dankbar, dass er mir geholfen hatte, sonst hätte ich es vielleicht nicht geschafft. Zu meiner Überraschung wollte Tenzing aber mehr. Er schaute auf die Scheine und heuchelte mir eine aufgesetzte Miene vor. „Oh, sagten wir nicht 1500, Sir?" Ich war nicht nur überrascht, sondern auch enttäuscht. „Nein!", sprach ich selbstsicher, „wir sagten 500!" Ich legte noch vier Dollar dazu und bedeutete ihm mein Unverständnis für weitere Preiserhöhungen. Er wendete noch ein, dass der Träger in Thorung Phedi doch viel teurer gewesen wäre, aber ich ließ mich nicht erweichen und hatte auch kein schlechtes Gewissen. Er nahm das Geld und verabschiedete sich unfreundlich.
Wie schade, dass unsere anfangs nette Bekanntschaft so unschön geendet hatte.

Von den Arbeitern im Weinberg
Denn mit dem Himmelreich ist es wie mit einem Weinbergbesitzer, der früh am Morgen ausging, um Arbeiter für seinen Weinberg anzuwerben. Und als er mit den Arbeitern um einen Silbergroschen als Tageslohn einig geworden war, sandte er sie in seinen Weinberg.
Und er ging um die dritte Stunde wieder aus und sah andere herumstehen und er sagte zu ihnen: Geht auch ihr in den Weinberg und ich will euch geben was recht ist …
Als es nun Abend geworden war, sagte der Besitzer des Weinbergs zu seinem Verwalter:
Ruf die Arbeiter zusammen und gib ihnen ihren Lohn … Als aber die ersten kamen, meinten sie, sie würden mehr empfangen, doch jeder empfing seinen Silbergroschen. Und als sie den empfingen, murrten sie gegen den Weinbergbesitzer und sagten: Diese letzten haben nur eine Stunde gearbeitet, doch du hast sie uns gleichgestellt, die wir des Tages Last und Hitze getragen haben.

Er antwortete aber und sagte zu einem von ihnen: Mein Freund, ich tu dir nicht unrecht, bist du nicht mit mir um einen Silbergroschen einig geworden? Nimm was dir zusteht und geh! Ich will aber diesem letzten geben wie dir. Oder darf ich mit meinem Geld nicht tun was ich will? Blickst du böse, weil ich so gütig bin?
(Matt, 20,1 – 16)

Am Abend traf ich mich mit den beiden Frauen in einem Restaurant zum Abendessen. Susan ist Engländerin und lebt seit vier Jahren in Kathmandu. Kathy ist ihre Freundin, kommt aus Prag und hat einige Jahre in Berlin gelebt. Sie haben vor einiger Zeit den buddhistischen Glauben angenommen und gehen den Weg des diamantenen Pfades*. „Ich dachte mir schon da oben in den Bergen, dass ihr beide eine spirituelle Einstellung habt", sagte ich. Die beiden Frauen fühlten sich geschmeichelt und schmunzelten. „Seid ihr auch auf Pilgerfahrt, oder was macht ihr hier?" – „Wir bleiben ein paar Tage in Muktinath und machen von hier aus unsere Exkursionen", antwortete Susan. „Seid ihr unter den 108 Wasserspeiern durchgelaufen, wie die Hindus?" – „Nein, du?" – „Noch nicht, aber morgen habe ich es vor, ich freue mich schon sehr darauf." – „Weißt du, dass das Wasser sehr kalt ist?", wendete Kathy ein. „Ja, aber das macht doch nichts", entgegnete ich, „wenn ihr wüsstet, was ich die letzten Tage durchgemacht habe. Sieben Tage habe ich kein Auge zugedrückt, wegen dieser Höhenkrankheit, aber das war noch nicht einmal das Schlimmste. Heute Abend geht es mir das erste Mal besser. Ich bin sehr glücklich, dass ich an diesem schönen Ort sein darf und dass ich hoffentlich schon bald wieder gesund sein werde. Ich habe das Gefühl, als würde diese Krankheit wie eine riesengroße Last scheibchenweise von mir abfallen. Wisst ihr, was man mir erzählt hat? Die Leute hier sagen, wer unter den 108 Wasserspeiern durchläuft, hat sein Karma gelöscht, glaubt ihr daran?" – „Das ist wohl mehr symbolisch", meinte Susan, „eine Art Reinigungsritual." – „Nein! *Ich* glaube daran", widersprach ich. „Es ist mehr, ich weiß es. Dieser Ort ist etwas Besonderes."

---

* Diamantene Pfad: Später entwickelte Lehre, auch kurzer Pfad der Mystiker genannt. Die Seele soll geschliffen werden wie ein Diamant, z. B. durch Tantra Yoga.

Tempelbezirk von Muktinath

Ortszentrum Muktinath, im Hintergrund der Dhaulagiri

Hubschrauberlandeplatz

Kathy und Susan

Ich freute mich sehr, dass ich diese beiden Frauen getroffen hatte, endlich ergaben sich einmal anspruchsvolle Gespräche mit spirituellen Themen in freundschaftlicher Atmosphäre. Wir sprachen über universelle Liebe und den zukünftigen Lichtkörper des Menschen. „Wie wird es eurer Ansicht nach sein, wenn wir erlöst sein werden, glaubt ihr denn, wir werden im Nirwana nur da sitzen und meditieren?“ Mit dieser und ähnlichen Fragen forderte ich die Anhänger der „Lehre der Leere“ zur Diskussion heraus.

„Nein“, sagte Susan, „wir werden ohne Ende Licht und Liebe aussenden, reine spirituelle Liebe.“ – „Ich glaube sogar daran, dass wir von Gott anspruchsvolle Aufgaben übertragen bekommen, zum Beispiel selbst Wesen oder neue Welten zu schaffen“, sagte ich. Kathy lachte und meinte: „Aber bis dahin ist es noch ein weiter Weg.“ Doch ich sagte dies und anderes mit vollem Ernst.
Ich zog mich zur Abendruhe in mein Zimmer zurück und freute mich auf eine erholsame Nacht mit gutem und tiefem Schlaf. Ich hatte ein schönes Zimmer mit einer tollen Aussicht auf den Dhaulagiri (8165 Meter), den „weißen Berg“. Es war eine sehr klare Nacht und die große Muttergöttin schickte zum letzten Mal einen vollen runden Mond über die Berge, der die ganze Gegend erleuchtete.

Große Muttergöttin! Ich danke dir aus ganzem Herzen.
Große Muttergöttin! Wie tief ist dein Wissen vom Wandern der Gestirne.
Große Muttergöttin! Ich neige mein Haupt in Demut und küsse mit meinem Mund die Erde.
Große Muttergöttin! Lang und beschwerlich war mein Weg, doch du warst immer bei mir, ich danke dir.
Große Muttergöttin! Ich will dir immer dienen mit meinem ganzen Herzen und meinen Taten.
Große Muttergöttin! Nimm deinen verlorenen Sohn in die Arme und schenke ihm Freiheit.
Große Muttergöttin! Ich bitte dich aus ganzem Herzen um die Gnade von Weisheit.

Große Muttergöttin, was ist das Geheimnis von Muktinath und den 108 Wasserspeiern?

Das Geheimnis der Zahl 108 steht in Verbindung mit der Größe des Universums, mit der Unterteilung des Tierkreises und der Ausdehnung von Raum und Zeit.
Die Zahl 108 steht in Verbindung mit Anfang und Ende.

Große Muttergöttin, was ist das Geheimnis von Anfang und Ende?

Das Geheimnis von Anfang und Ende ist verbunden mit den Zahlen 3, 7, 8 und 12 in Bezug auf das gesamte Universum.
Die 3 steht für die drei großen Sphären: Diesseits – Jenseits – Nirwana, Welt der Ideen.
Die 7steht für die drei kleinen Sphären der Läuterung und die vier Sphären der Wonne.
Die 8 steht für den großen Hüter der Schwelle, den Saturn.
Die 12 steht für den Bereich der Zentralsonne, des Nirwanas und die Welt der Ideen, der Arché.

Betrachte den Verlauf der Wasserspeier und du findest das **Omega** *durch die Krümmung des Raumes.*

Gelöscht hast du in Muktinath mit der 7 das Karma, vollende mit der 8 und schließe die beiden Kreise, wie oben so unten.
Finde die 12 und komme für immer, Geliebter, in den Schoß der großen Göttin.

Gesegnet sei der Geliebte, der verlorene Sohn, der gelöscht hat das Karma, der vollenden wird am darauf folgenden Tage, an der Stelle des Saturns, des großen Hüters der Schwelle, der vervollkommnen wird mit der 7 und der 5 den neuen vollkommenen Menschen.

Dienstag, 26. April 2005. Ich hatte endlich mal wieder gut geschlafen und fühlte mich wie neu geboren und regeneriert. Nach einer Morgenmeditation richtete ich meine Badesachen für den Gang unter den Wasserspeiern. Dann ging ich zum

Frühstücken auf die Dachterrasse meines Hotels. Ein alter Bekannter saß dort und trank seinen Kaffee. „Hey", sagte ich, als ich Edgar aus Kärnten erblickte, „ich glaubte dich längst an den heißen Quellen von Tatopani, grüß dich!" – „Da wird es mich morgen hin verschlagen. Nett dich zu sehen, wie geht's?" – „Gott sei Dank, endlich wieder besser. Warst du am ‚Tilicho Lake' gewesen?" – „Ja, es war sehr schön dort oben, aber auch sehr kalt, ein Abstecher, der sich trotzdem gelohnt hat." Ich bestellte mir ein Frühstück, dann erzählte ich Edgar von meinem Reinigungsbad, das ich in Bälde in Angriff nehmen wollte. Edgar wusste überhaupt nichts über die Hintergründe von Muktinath, interessierte sich nicht für die Tempel und hatte die einzigartigen Wasserspeier nur flüchtig wahrgenommen. Er sagte, er interessiere sich nicht für Religion. Dabei finde ich, dass man alles in wunderbarer Weise miteinander verbinden kann: Freude am Leben, Spiritualität und Gläubigkeit. An Gott führt letztendlich kein Weg vorbei. Aus dem Verlauf der Evolution ist es meiner Meinung nach ersichtlich, dass die Menschheit sich auf ein Ziel hin entwickelt und dass jeder Mensch durch eigene Anstrengung einmal die Befreiung aus dem Daseinskreislauf erlangen und in das Paradies eingehen kann. Es ist aber nicht so, wie viele Leute glauben, dass nur große, spirituelle Persönlichkeiten und Heilige dies schaffen können. ***Seht die Sterne am Himmel, so zahlreich sind schon jene, die nicht wiederkommen werden***[*], es sei denn, sie kommen als Bodhisattvas wie Buddha und Jesus freiwillig zurück, um den Menschen zu helfen.

---

* Vgl. hierzu: Daniel 12,3

Dolamebar Gompa

Wasserspeier

Der Bügel der 108 Wasserspeier Jwala Mai umringt halbkreisförmig den Tempel

Das Reinigungsbad nach dem Gang durch den Jwala Mai

Der Wallfahrtsort Muktinath wird von Hindus und Buddhisten seit ewigen Zeiten gleichfalls aufgesucht. Sieben Tempel, teils shivaistisch, teils buddhistisch, umsäumen den Haupttempel des Gottes Vishnu (Dolamebar Gompa), um den sich der so genannte „Bügel" der 108 Wasserspeier Jwala Mai schließt. Das Wasser eines Baches durchläuft die 108 speienden Stierköpfe und speist die zwei Reinigungsbecken. Dreizehn Gipfel des Annapurna-Massivs, vom Dhaulagiri, dem weißen Berg im Nordosten, bis zum Lamjung, dem untersten Berg im Südwesten, werden mit den sieben Hauptchakras und den fünf Nebenchakras verglichen. Die Strecke von Besisahar bis Muktinath entspricht ungefähr 7/12 der gesamten Strecke. Dabei erwandert der Pilger die Figur einer Spirale gegen den Uhrzeigersinn. Eine solche Umrundung nennt man „Chökhor".
An einer Wasserquelle, über der in späterer Zeit ein buddhistischer Tempel errichtet wurde, brennt eine Gasflamme mit natürlich austretendem Erdgas. Es gibt eine Legende, dass der Gott Brahmā hier die vier Elemente Erde-Wasser-Feuer-Luft den Menschen offenbarte. Mit ziemlicher Sicherheit wird hier vor dem Einzug von Shivaismus und Buddhismus ein Quellenheiligtum der großen Muttergöttin gewesen sein. Toponyme und Namensgebungen sowie Volksbräuche als Überbleibsel alter Naturreligionen, wie sie in den umliegenden Dörfern noch heute gepflegt werden, weisen darauf hin. Es gibt auch jüngere Legenden hinduistischer und buddhistischer Prägung, die eine alles umfassende Kosmologie und die Lehre von Wiedergeburt und Karma beinhalten. Sie verbergen alle die gleiche verschlüsselte Wahrheit einer Idee des Guten für alle Menschen, die der Pilger auf der Wanderschaft für sich selbst herausfinden muss.

Um 10 Uhr fand ich mich an dem Ort der großen Reinigung ein. Es waren nur wenige Leute da, vielleicht acht bis zwölf Gläubige, die meisten Hindus. Schade, dass Su und Kathy nicht da waren, sie wollten eigentlich kommen und ein Bild von mir machen. Deshalb fragte ich einen Inder, ob er während des Rituals ein Foto von mir machen würde. Er willigte ein, ich gab ihm meine Kamera und zeigte ihm den Auslöser.
Dann zog ich mich bis auf die Badehose aus und betete. Ich dankte der großen Muttergöttin, an diesem wunderschönen Frühlingstag hier sein zu dürfen. Die Luft war mild und warm und die Sonne schien mir auf den Kopf. Dann schritt ich so

ruhig und gelassen wie möglich unter dem eiskalten Wasser hindurch und sprang in eines der Becken. Ich hatte es tatsächlich geschafft und das bei lebendigem Leibe.
Danach trocknete ich mich in der warmen Sonne ab, kleidete mich an und betrat ehrfurchtsvoll den Tempel Vishnus, die Dolamebar Gompa. Ein Hindupriester saß vor dem Eingang und winkte mich heran. Ich beugte mich zu ihm nieder und er strich mit seinem Daumen rotes Henna auf meine Stirn. In eine Opferschale legte ich einige Geldscheine, weil es so üblich ist. Jetzt wurde mir das große Heiligtum, der Schrein des Gottes geöffnet. Ich fühlte mich geehrt, war stolz und demütig zugleich, dass ich den Gott von Angesicht zu Angesicht schauen durfte, eine Ehre, die nur denjenigen vorbehalten bleibt, die die Reinigung auch wirklich vollzogen haben.

Dieser ist der Gott, der alle Himmelrichtungen erfüllt,
er ist geboren und er ist im Schoß verborgen.
Er ist geboren und wird geboren werden!
Er steht allen Menschen gegenüber
und schaut in alle Richtungen.
Dieser Gott, der im Feuer ist und im Wasser,
der in die ganze Erde eingedrungen ist,
der in den Pflanzen und in den Bäumen west:
Diesem Gott sei Verehrung!
(Svetasvatara II, 16 – 17, aus den Upanishaden)

Ich verbrachte den Rest des Tages in feierlicher und getragener Stimmung im Tempelbezirk. Am Nachmittag traf ich die beiden Frauen und wir meditierten zusammen in einem buddhistischen Tempel. Für den Abend verabredeten wir uns in einem Hotel zum Abendessen. Während ich an meinem Tisch auf die beiden Frauen wartete, saß am Nachbartisch eine Gruppe von Jugendlichen, die sich vergnügt unterhielten. Es waren Europäer. Einer von ihnen klimperte auf einer Gitarre herum, aber es hörte ihm keiner zu. Kein Wunder, denn es klang schrecklich falsch und unharmonisch. Ich finde, üben sollte man zu Hause im stillen Kämmerlein, warum sagte ihm das keiner.

Man sollte den Menschen die Wahrheit frei und höflich heraus sagen, mir stand das in diesem Fall als Fremder aber nicht zu. Endlich kamen Kathy und Su. Wir bestellten uns ein warmes Abendessen und verbrachten einen netten Abend bei Kerzenlicht und guten Gesprächen. Zum Glück zeigte der angehende Musikant am Nachbartisch Selbsteinsicht und legte sein Instrument beiseite.

„Wenn du willst“, sagte Su, „kannst du uns in Kathmandu besuchen, ich habe eine kleine Wohnung in Bodha, in der Nähe der großen Stupa, weißt du wo das ist?“ – „Na klar, dort bin ich schon gewesen. Ich weiß aber nicht, ob ich in Kathmandu auf dem Rückweg lange bleiben werde, höchstens zwei Tage. In einer Stadt wie Kathmandu könnte ich nicht immer leben, wie schaffst du das nur?“ – „Ach, in Bodha ist es nicht so schlimm wie anderswo in Kathmandu, dort existiert eine buddhistische Gemeinde und ich kann jeder Zeit zu meinem Lama gehen, weißt du.“

„Und du, Kathy, wirst du wieder zurück nach Europa gehen?“, fragte ich. „Nein, solange mein Geld reicht, bleibe ich in Asien, ich träume lange schon davon, einmal im Leben nach Ladakh zu gehen und habe es mir für diesen Sommer fest vorgenommen.“

Dann verabschiedete ich mich von den beiden Frauen mit einer herzlichen Umarmung und wünschte ihnen alles Gute. Am Nachbartisch war zwischenzeitlich der eigentliche Besitzer des Instrumentes eingetroffen. Er nahm seine Gitarre in die Hand und dieses Mal klang es viel schöner und besser. Seine Stimme war klar und deutlich und alle hörten ihm zu. Er spielte *I shall be released* von Bob Dylan. Der Song wirkte auf mich wie eine romantische „Gute-Nacht-Weise“. Zufrieden zog ich mich zur Abendruhe zurück.

I see my light come shining
from the west unto the east
any day now, any way now
I shall be released.

Vishnutempel Muktinath:
Erleuchteter – Lebensbaum – besiegte Tiernatur

Im Bann des Nilgiri

8. Etappe: Muktinath – Tukche

Zwei Nächte und eineinhalb Tage blieb ich in Muktinath und ließ diesen heiligen Ort mit seiner energetischen Wirkung in vollen Zügen auf mich wirken. Gesund und ausgeruht wanderte ich an einem kühlen, aber sonnenklaren Morgen bergabwärts. Der 8167 Meter hohe Dhaulagiri, der „weiße Berg", zeigte sich, von der Morgensonne beschienen, in seiner ganzen Schönheit und schien in der Ferne schon auf mich zu warten, während der „blaue Berg" des Nilgiri dunkel in Wolken gehüllt nicht zu sehen war. Mein Weg führte durch zwei kleine Dörfer an einem beeindruckenden Canyon vorbei nach Kagbeni. Die Vegetation der ganzen Gegend ist sehr karg. Auf den schroffen Felsen wachsen weder Bäume noch Sträucher, auch keine Gräser, doch in den Tälern, wo die Menschen leben, gibt es Grünflächen und eine blühende Natur. Mit Hilfe von Bewässerungssystemen betreiben die Menschen in den Tälern Landwirtschaft. Das Grün der Täler und das Rotbraun der Felsen ergeben schöne landschaftliche Kontraste. Kagbeni selbst erscheint einem wie eine grüne Oase inmitten einer felsigen Steinwüste, wenn man die Berge heruntergewandert kommt und das kleine, hübsche Dorf von einem Felsvorsprung plötzlich erblickt. In Kagbeni legte ich gegen 11 Uhr eine frühe Mittagspause ein.

Ähnlich Bahundanda wirkt Kagbeni wie eine Puppenstube, wo man glaubt, dass die Zeit stehen geblieben ist. Die alte Dorfstruktur mit ihren traditionellen Handwerksbetrieben ist noch gut erhalten. Ich sah in den kleinen Gassen immer wieder Menschen bei der Arbeit. Frauen saßen vor ihren Lehmhäusern und webten, spannen oder siebten Getreidekörner aus, ihre Babys und Kinder um sich herum versammelt.

Das Dorf am Kali Gandaki liegt auf 2800 Metern Meereshöhe und ist durch seine geographische Lage eine Art Pforte zu einer anderen Welt. Hier befindet sich die Grenze zum bereits erwähnten Königreich Mustang und der verbotenen Königsstadt Lo Mantang. Mustang gehört seit 1959 politisch zu Nepal, besitzt aber einen gewissen autonomen Status. Es heißt, dass sich die letzten authentischen Spuren der tibetischen Kultur in Mustang durch glückliche Umstände erhalten haben. Touristen und Wanderern ist der Zutritt in der Regel verboten. Man braucht eine ganz besondere Erlaubnis, um das Königreich betreten zu dürfen. Für sehr viel Geld soll aber auch dies möglich sein.

Bei meiner Ankunft herrschte durch einziehende Mulikarawanen reges Treiben. Ich gönnte mir eine Rast und ein gutes Essen in einem der zahlreichen Lokale.

Leider war das historische Sakyapa Kloster über die Mittagszeit geschlossen, aber dafür sah ich eine weibliche Götterfigur aus Terrakotta, die eher Züge einer einheimischen Naturreligion als shivaistische und buddhistische Einflüsse verriet.

Gerne hätte ich von hier aus einen Abstecher nach Mustang zu dieser geheimnisvollen Höhle gemacht, die von einem alten Lama bewacht wird und wo Felsformationen als Emanationen der großen Muttergöttin noch heute betrachtet werden können. Aber erstens hatte ich kein Visum und zweitens musste ich meine Umrundung, den „Chökhor", in vorgeschriebener Weise vollenden, so wie es der Brauch der Pilgerschaft verlangt.

Ich überlegte, ob ich in Kagbeni bleiben sollte, weil mir der Ort gefiel, aber es war noch zu früh, um Quartier zu beziehen. Ich war körperlich richtig fit und wollte an diesem Tag eine längere Strecke zurücklegen. Also folgte ich dem Kali Gandaki flussabwärts. Das Tal dieses Flusses weitet sich hier wie zu einem Delta. Es blies mir ein heftiger Wind entgegen, als ich über die endlosen Kiesel- und Geröllfelder marschierte. An manchen Stellen war er so stark, dass ich fast auf der Stelle trat. Auf diesem Abschnitt kamen mir viele Pilger und Wanderer entgegen, ein Zeichen dafür, dass ich mich der Zivilisation langsam wieder näherte.

Die Strecke entlang des Kali Gandaki war schon immer sehr begangen, weil der Weg Teil einer alten Salzhandelsroute zwischen Indien und Tibet war.

Auf dem Weg nach Kaghbeni

Terrakottafigur ohne hinduistische und buddhistische Merkmale

Blick über Kaghbeni ins Königreich Mustang

Pilgernder Saddhu

Am frühen Nachmittag kam ich nach Jomsom, einer kleinen Stadt mit einem richtigen Flughafen, von wo aus jeden Morgen Flüge nach Pokhara gehen.
In Jomsom ist auch ein Militärstützpunkt der Regierungstruppen. Ich sah viele Soldaten und gepanzerte Fahrzeuge und wurde wieder einmal daran erinnert, dass sich das Land im Bürgerkrieg befand. Ich erkundigte mich nach einer Bank, um etwas Geld zu wechseln. Auf dem gesamten Trail gibt es sonst keine andere Möglichkeit dazu. Das unscheinbare Gebäude war von einem Polizisten bewacht, der mir eher aus Neugier als aus Pflichtbewusstsein bis zum Schalter folgte. Dort saß ein Bankbeamter, der nichts zu tun hatte. Ich war der einzige Kunde und wollte 100 Dollar in Rupie gewechselt haben. Der Polizist beobachtete jeden meiner Handgriffe und schaute mir sogar dreist in den Geldbeutel. Das war schon etwas seltsam.
Nach einer viertel Stunde bekam ich endlich meine Rupies und verließ den muffigen Laden, erleichtert, Rupies bekommen zu haben. In einem Restaurant trank ich eine Kanne Tee und ließ mein Gepäck für eine Weile dort zurück, um mich in der Stadt umzuschauen.
Ich erblickte ein Friseurgeschäft und sah darin eine Gelegenheit, mich meines Bartes zu entledigen. „Was kostet eine Rasur?“, fragte ich den Mann, der vor seinem Geschäft stand, eine Zigarette rauchte und anscheinend auf Kundschaft wartete. „80 Rupies“, antwortete er. Ich war erstaunt über den hohen Preis und verdeutlichte mit einer entsprechenden Geste noch einmal mein Anliegen, indem ich hinzufügte: „Nur Rasieren!“ – „Fünfzig Rupies“, sagte er jetzt. Das schien mir immer noch teuer, aber ich wollte nicht großartig um den Preis feilschen, deshalb stimmte ich zu. Er bat mich herein und ich setzte mich auf den Stuhl. Kaum hatte ich Platz genommen, da sah ich erst, in welch einem Rattennest ich gelandet war. Auf der Ablage war es unaufgeräumt und ekelhaft schmutzig, das Waschbecken war verschmiert, im Abfluss saß eine Spinne. Durch den Spiegel sah ich in die Ecke hinter mir. Dort türmte sich ein Haarberg mit Papierknäuel und anderem Unrat. Ich blieb aus Höflichkeit sitzen, wäre aber am liebsten gegangen. Ich finde,

arm darf man sein, aber wenn ich genug Zeit habe, dann gehe ich als erstes einmal daran, meinen Laden aufzuräumen und für eine einladende Atmosphäre zu sorgen. Die Rasur selbst war dem katastrophalen Ambiente entsprechend rau und ruppig, die Klinge war stumpf und es tat weh. Nach dem Rasieren erzählte der Mann irgendetwas von Kopfmassage und ging daran, meine Haare zu zerzausen. Ich bat darum, er möge es gut sein lassen und mich entlassen, doch ich hatte die Rechnung ohne seinen fanatischen Ehrgeiz gemacht, oder wollte er mich nicht verstehen? Denn jetzt trommelte er mit seinen Handballen auf meinem Kopf herum und sagte: „Massage! Massage!“ Ich hatte nun endgültig die Nase voll, ging mit einer Hand dazwischen, erhob mich von meinem Sitz und band mir das Tuch selber ab. Er entschuldigte sich zwar für seinen übermütigen Tatendrang, aber ich war trotzdem enttäuscht von so einer lächerlichen Behandlung. Ich gab dem Mann sein Geld und ging. Mir fiel die vorzügliche Dienstleistung des Barbiers ein, der mich an meinem ersten Wandertag in Besisahar rasiert hatte und ich schämte mich jetzt, dass ich diesem *Meister der Vollkommenheit* damals nicht mehr gegeben hatte als 25 Rupies. Er hätte das Dreifache verdient gehabt. Diesem hier aber gehörte die Lizenz entzogen, wenn es in Nepal so etwas überhaupt gibt.

Am Ortsausgang von Jomsom gibt es ein recht interessantes Heimatmuseum mit Exponaten zu Geologie, Fauna, Flora und Ethnologie des Königreichs Mustang. Eine kleine Ausstellung vor- und frühgeschichtlicher Funde beschränkt sich leider auf eine oder zwei Vitrinen. Ich sah einige Halsringe und andere Grabbeilagen ohne Beschriftung, die mich an mitteleuropäische Urnenfelderkulturen erinnerten. Die Archäologie steckt in Nepal noch in den Kinderschuhen, es gibt nur wenige kulturelle Einrichtungen wie dieses Museum. Das Land braucht zuerst einen dauerhaften Frieden und eine Demokratie, dann wird es auch in wirtschaftlicher und kultureller Hinsicht zu einem Aufschwung kommen.

Ich wanderte gemütlich am Fluss talabwärts. Es gab keine nennenswerten Steigungen auf dieser Etappe, deshalb kam ich gut voran. Bei dem Dörfchen Syang musste ich auf abenteuer-

liche Weise einen Fluss überqueren, weil die Brücke irgendwann mal fortgeschwemmt worden war. Besonders in den Sommermonaten sind durch heftige Regenfälle in den Bergen Überschwemmungen im Tal möglich.
Ich kam in das kleine Dorf Marpha. Es ist bekannt für seine kubischen Flachdachhäuser und seine hübsch gepflasterten Wege, liegt geschützt in einem kleinen Seitental und verdankt seinen Wohlstand den Apfelplantagen ringsherum. Hier lebt der Volksstamm der Thakali.
Eine buddhistische Gompa befindet sich mitten im Ort. Ein Junge öffnete mir die verschlossene Tür des Tempels, als ich darum bat, die Stätte zu besichtigen. Ich gab ihm ein Trinkgeld. Es ist ein Verdienst der Mönche in den Klöstern, dass sie Waisenkinder, wie diesen Jungen, aufnehmen, ihnen ein Zuhause geben und eine Erziehung im Sinne Buddhas zukommen lassen. Andernfalls wären viele Kinder sozialem Elend ausgesetzt.
Am Abend gelangte ich nach Tukche. Hier wollte ich bleiben. Der Ort war immer ein wichtiger Umschlagplatz, wo sich die Händler trafen, um von Yak- auf Eselsrücken umzuladen. Auf den „*Tuk Che's*“, den Flachdächern, von denen der Name des Ortes abgeleitet ist, werden noch heute Getreide und Früchte getrocknet. Ich kaufte mir eine Portion getrockneter Apfelringe und bezog in einer netten Lodge am Fuße des „weißen Berges“ Quartier.

Große Muttergöttin, was ist das Geheimnis des weißen Berges?

Das Geheimnis des weißen Berges steht in Verbindung mit dem Geheimnis des gegenüberliegenden blauen Berges.
Gegangen ist der Geliebte am achten Tage den Weg der Vollendung und steht auf der Schwelle der Entscheidung, zwischen alter und neuer Welt, zwischen dem blauen Berg und dem weißen Berg, des blauen für das Höchste im Alten, der „7“; des weißen für das Höchste im Neuen, der „13“. Sieht der Geliebte das weiße Licht der „13“, so steht er an der Schwelle des großen Hüters der „8“, des Saturn.

Im Museum von Jomsom

Buddhistischer Tempel in Marpha

Gewitterwolken am Nilgiri

Lastenträger

Schaut er sich um, so hat er verloren,
Empfindet er Wehmut, so hat er verloren,
Empfindet er Begierde, so hat er verloren,
Empfindet er Angst, so hat er verloren,
Kommt er vom Weg ab, so hat er verloren,
Und wird wiedergeboren.
Wahrlich, wahrlich, schon viele Male stand der Geliebte an dieser Schwelle.
Schaut er nach vorne, so beginnt das Leben,
Trägt ihn Gleichmut, so erreicht ihn Erlösung,
Vertraut er dem Licht, so wird er schauen.
Kommt er ins Licht, so wird er erlöst sein
Und nicht mehr geboren.

Die Zahl „7" ist die Zahl des Alten Testamentes, die Zahl „8" ist die des Neuen Testaments. „8" ist die Verbindung von Himmel und Erde, dem Makrokosmos und dem Mikrokosmos. „8" ist die Zahl der Wiedergeburt und der Auferstehung zugleich. Mit dem achten Ton ist vollendet die kleine Oktave, ist erreicht die **vorzügliche Vollkommenheit.** *Octavus sanctus omnes docet esse beatos.* **Die Oktave lehrt alle Heiligen, glückselig zu sein!**
Das achtspeichige Rad oder die achtblättrige Rosette sind typische Symbole der Lehre der Seelenwanderung. Dies belegen Grabfunde aus dem gesamten westlichen und östlichen Kulturbereich sowie der bereits erwähnte dreitausend Jahre alte Goldkegel von Ezelsdorf, der Silberkessel von Gunderstrup und Darstellungen im Mithraskult. Es gibt auch römische Gräber, welche in Form des achtspeichigen Rades konstruiert waren, wie Ausgrabungen eines Römergrabes in der Nähe von Straßburg belegen.
Auch die irischen Wandermönche, die lange vor der römischen Mission eine friedliche Missionierung West- und Mitteleuropas betrieben, glaubten insgeheim an die Wiedergeburt und die Wanderung der Seele durch die acht Sphären des Jenseits.
In St. Maximin (Trier) fand man um 1845 einen frühchristlichen Grabstein, auf dem ein achtspeichiges Rad mit zwei sich gegenüberstehenden Schwänen dargestellt wird.
In Abtweiler am Disibodenberg stand bis Ende der siebziger Jahre ein frühchristlicher Wegstein mit achtblättriger Rosette und anderen Motiven des irisch-schottischen Kulturkreises.

Über den Türportalen der alten romanischen Kirchen entlang des Jakobsweges ist ebenfalls das bekannte Radmotiv zu sehen, was belegt, dass bis in das frühe Hochmittelalter hinein der Glaube an die Seelenwanderung existierte, wenn auch im Untergrund hermetischer Bruderschaften.
Es könnte hier der Einwand gemacht werden, es gäbe auch sechs-, sieben-, zehn- und zwölfspeichige Radmotive oder Rosetten gleicher oder ähnlicher Art, doch können auch hier die Zusammenhänge kosmologisch erklärt werden.
Der Unterschied zwischen Sechser-, Siebener- und Achter-Motiven liegt darin, dass bei der Sieben die Erde bzw. das Diesseits, bei der Sechs Sonne und Mond als Planeten bzw. als Sphären nicht mitgerechnet wurden. Hinter der Absicht, mit den Radspeichen bzw. Blütenblättern der Rosetten die Planetensphären darzustellen, stand die jahrtausende alte Lehre der Seelenwanderung in den verschiedenen Varianten.
Die verborgene Bedeutung der Darstellungen und Motive war immer die gleiche. Dahinter stand die Absicht, den Betrachter an die archaischen Naturgesetze heranzuführen und ihn zur Sinnfindung und letztlich zur Handlung zu bewegen: Das Löschen des Karmas, das Durchbrechen des Kreislaufes von Geburt und Wiedergeburt, das Anhalten des Rades der Zeit und das Eingehen in das Nirwana, den Bereich der Arché, der Zentralsonne, symbolisiert durch die Radnabe bzw. die Corona einer Blüte.

Das achtspeichige Rad der Lehre des Dharma Chakra hat im Buddhismus mit der Seelenwanderungslehre hingegen nichts zu tun, dafür aber um so mehr das sechsspeichige Rad des Lebens, Bhavachakra, wie in Kapitel 3 ausführlich beschrieben wurde.
Diese Unterschiede ergeben sich deshalb, weil die buddhistische Astrologie sehr stark von der alten chinesischen Astrologie geprägt wurde, wo die Zahl „6“ eine größere Rolle spielt.
Während die indische und westliche Astrologie der Antike von der Astrologie der Sumerer, Assyrer und Babylonier beeinflusst wurde. Diese wurde zur Lehrmeinung der griechischen und römischen Mysterienschulen und wahrscheinlich auch der frühen Kelten.
Die acht Sphären der indisch-westlichen Kosmologie teilen sich auf in:
die dichteste Sphäre des Diesseits oder Erdsphäre;
die drei feinstofflichen abgestuften Sphären mit den meisten Anteilen der Läuterung von Mond – Venus – Merkur;

die drei feinstofflicheren abgestuften Sphären mit den meisten Anteilen der Wonne von Sonne – Mars – Jupiter;
der noch feinstofflicheren Sphäre des demiurgischen Saturns, des letzten Hüters.

Ich hatte auf meiner Sarangi endlich den achten Ton gefunden und konnte die *diatonische Tonleiter* jetzt rauf und runter spielen. Es klang noch unvollkommen und schräg, aber das war nicht so schlimm, denn mir fehlte nur die Übung. Wichtig war zu *wissen*, wo die Töne liegen und dass ich die Möglichkeit hatte, in einer *Dur-* und einer *Moll-Tonart* zu spielen, ähnlich wie auf einer ganz normalen Blockflöte, C-Dur und A-Moll.
Langsam ging das Kolofonium an meinem Bogen zur Neige. Das Baumharz ist notwendig, um die Saiten beim Anstreichen zum Klingen zu bringen. Hoffentlich würde es bis zum Heiligtum der großen Göttin reichen.
In der Nacht hatte ich einen luziden Alptraum. Ich war in einer Kugel eingesperrt und konnte mich nicht aus der Enge befreien. Dämonen mit schrecklichen Fratzen griffen mich an. Nackte, hässliche Frauen ritten lüstern auf meinem Geschlecht herum und johlten. Ich hörte sehr bewusst eine Stimme, die mir Angst einflößte, dann eine Totenglocke und lateinische Mönchsgesänge. Ich wusste ganz genau, dass ich nur träumte und wollte mit einem Schrei erwachen, doch es funktionierte nicht. Ich schrie und schlug mit den Händen an unsichtbare Wände. Doch es nützte alles nichts. Wie schrecklich! Ich war für immer in diesem Traum gefangen …

Kosmischer Christus!
Du Allliebe aus dem Allgeist
Ich bitte dich aus ganzem Herzen
Dring in mich ein und durchflute mich mit deinem Licht
Ich bin ein Funken aus deiner göttlichen Flamme
Komm, mein Geliebter, hilf mir und erlöse mich.

Ein Hahnenschrei weckte mich plötzlich, meine Bettdecke lag am Boden und ich war Schweiß gebadet. Es war stockdunkel.

Wieder krähte der Hahn. Ich wischte mir den Schweiß vom Gesicht und zum dritten Mal krähte der Hahn. Doch irgendetwas stimmte nicht. Es war stockdunkel, warum krähte der Hahn? Ich hatte das Gefühl, als säße der Hahn direkt über meinem Kopf. Meine akustische Wahrnehmung schien vollkommen real, kein Traum, keine Halluzination. Ich stand auf und bewegte mich, dachte über alles nach und setzte mich auf mein Bett in den Lotussitz. Ich ahnte, was das alles zu bedeuten hatte. So verbrachte ich in meditativem Zustand die letzten Stunden bis zum Morgengrauen. Ich wollte nie wieder in diesen Traum zurück.

Die Karawane der Armen

9. Etappe: Tukche – Tatopani

Ich sehnte die Morgendämmerung herbei und wanderte in aller Frühe los. Die Tag- und Nachtzeiten zwischen Sommer und Winter liegen in Nepal nicht so extrem auseinander wie im nördlicher gelegenen Europa. Das Land liegt etwa auf dem 25. Breitengrad. Zu meiner Zeit im Frühjahr war es für gewöhnlich um sechs Uhr morgens hell und gegen acht Uhr abends dunkel. Die Geschäfte öffnen um 10 Uhr morgens und schließen mit Einbruch der Dunkelheit. Die Landschaft, die mich an diesem Tag empfing, war wieder eine ganz andere als die des Vortages. Ich kam in eine Gegend mit viel Wald und üppiger Vegetation. Zwar zeigte sich der Dhaulagiri wieder einmal sonnenbeschienen von Westen, aber der Nilgiri, zur linken Seite im Osten, war wie immer dunkel und in Wolken gehüllt. Die üppige Vegetation in dieser Gegend kommt nicht zuletzt daher, dass sich die Wolken an den drei Hauptgipfeln des Nilgiris fast täglich abregnen. So war es auch an diesem Morgen, als ich in das kleine, hübsche Dorf Larjung einmarschierte. Ich hatte gerade noch ein Foto von einer Eremitenhöhle gemacht, als der Himmel seine Schleusen öffnete. Glücklicherweise fand ich Unterschlupf in der kleinen Bücherei des Dorfes.

„Darf ich hier für einen Augenblick bleiben?", fragte ich die junge Bibliothekarin, die gerade Besuch von ihrem Freund hatte.

„Ja, natürlich", antwortete sie lächelnd. „Sind Sie aus Europa?" – „Ja. Ich bin aus Deutschland." – „Gehen Sie nach Pokhara oder sind Sie hier in Ferien?" – „Ja, auch, aber zuerst gehe ich meinen ‚Chökhor' zum Annapurna-Heiligtum. Darf ich mich in Ihrer Bücherei einmal umsehen?" – „Bitteschön, gern!" Ich legte meine Kamera auf einen Tisch und schaute mich im Bücherregal um, während der junge Mann mit seiner Freundin turtelte und alberte. Ich suchte etwas Bestimmtes. „Haben Sie ein Buch über die Eremitenhöhlen hier in der Gegend?", fragte ich, „oder etwas über archäologische Funde?" – „Wir haben ein Buch über das Königreich Mustang von einem amerikanischen Autor, dort oben in der rechten Reihe", bedeutete mir die junge Dame. Ich fand zunächst Hemingways berühmten Roman „Der alte Mann und das Meer" in einer englischen Ausgabe, dann ein Buch mit einem bekannten Auszug aus Shakespeares „Hamlet": *„Sein oder Nichtsein, das ist hier die Frage"*. Nach einigem Stöbern entdeckte ich ein wunderschön dokumentiertes Buch mit vielen Bildern über das Königreich Mustang. Den Namen des Autors habe ich leider vergessen, er möge es mir an dieser Stelle verzeihen. Jedenfalls flammte in mir bei Betrachtung der Bilder die Sehnsucht auf, irgendwann einmal zu Fuß über diese alte Karawanenroute nach Mustang und weiter nach Tibet zum heiligen Berg Kailash zu pilgern. Aus politischen Gründen ist ein freies, individuelles Reisen in Tibet zurzeit nicht möglich, aber ich bin sicher, dass auch China sich immer mehr öffnen und irgendwann eine richtige Demokratie bekommen wird. Kailash-Reisen sind im Moment sehr beliebt, aber auch sehr teuer. Wählt man die Strecke über Kathmandu zur Anreise, sitzt man hin und zurück 10 Tage im Jeep. Die Umrundung des heiligen Berges dauert drei bis fünf Tage. Da diese Kailash-Touren von Agenturen programmatisch organisiert werden, kann ich mir ein individuelles Reisevergnügen nicht vorstellen. Trotzdem hörte ich schon viele abenteuerliche Geschichten von Leuten, die am Kailash waren. Ich finde, dass der Annapurna-Zirkel eine reizvolle und vor allem günstigere Alternative ist, denn du bist unabhängig von diesen Agenturen und kannst, ganz auf dich gestellt, machen was du willst.

Der junge Mann hatte mittlerweile meine Kamera entdeckt und fragte, ob er von seiner Freundin ein Foto machen dürfe. Ich erlaubte es ihm und er machte ganz spontan auch eins von mir. „Inder sind Kinder", sagt ein Sprichwort, Nepalesen in gewisser Hinsicht auch. Dann gab er mir lächelnd seine Adresse und bat darum, einen Abzug geschickt zu bekommen.

Nachdem es aufgehört hatte zu regnen, wanderte ich am Fuße des „weißen Berges" vorbei durchs Tal nach Sokung und Kalopani. Eine Landschaft wie im Hochschwarzwald empfing mich. Ausgedehnte Nadelholzwälder im Vordergrund der ansteigenden Berge und eine angenehme, frische Luft nach dem Gewitterregen machten aus der Wanderschaft an diesem Tag ein schönes Naturerlebnis. Hinter Kalopani wird das Tal wieder enger und es geht steil bergauf und bergab. Ich begegnete vielen Trägern und Mulikarawanen. Auch Pilger kamen mir hin und wieder entgegen.

In dem kleinen Dorf Ghasa machte ich eine Mittagspause. Ich bestellte mir in einem Restaurant ein Essen, setzte mich auf eine Mauer und beobachtete derweil das lebhafte Treiben der Leute. Die meisten Dorfbewohner waren gerade bei der Arbeit.

Auf den Feldern an den Hängen wurde geerntet, das Getreide von Hand geschnitten und in Garben zusammengebunden. An einem Haus in der Nachbarschaft waren Maurer und Zimmerleute damit beschäftigt, ein Haus zu errichten. Es war interessant, den Handwerkern bei der Arbeit zuzuschauen, denn sie gebrauchten Techniken, die ich nicht kannte. Ein massiver Holzrahmen für ein Fenster wurde gerade aufgestellt, verzimmert und dann erst wurde um das Fenster herum gemauert. Das ist schon eine etwas ungewöhnliche Art, eine Hauswand zu errichten.

Ein pilgernder Saddhu kam auf dem Weg vorbei, blieb bei mir stehen und sprach mich an. „Wie weit ist es noch zum nächsten Dorf, mein Freund?“ – „Bergauf, sicherlich zwei gute Stunden“, antwortete ich. „Woher kommst du?“ – „Aus Kalkutta! Meine Leute werden gleich hier sein. Ich werde ein Quartier besorgen müssen. Die sind schon alle müde.“ Ich konnte mir zunächst keinen Reim darauf machen, von wem dieser Mann erzählte, denn er war zunächst allein. Nachdem er mich freundlich um Geld angebettelt und ich ihm einen Dollar gegeben hatte, verabschiedete er sich mit einer demütigen Geste und machte sich wieder auf den Weg. Nach einigen Minuten erschien ein Tross von Leuten, die allem Anschein nach zu ihm gehören mussten. Der Saddhu war also das Vorauskommando und der Quartiermeister dieser Pilger. Es war eine eindrucksvolle, aber traurige Prozession, die sich vor meinen Augen abspielte. So etwas hatte ich auf der gesamten Strecke noch nicht gesehen. Die Karawane der Ärmsten hielt Einzug.

Hängebrücke bei Kalopani

In einer Bücherei in Larjung

Es war eine Sippe von etwa dreißig Leuten. Vorne gingen Frauen und Kinder, beladen mit Bündeln und Tragetaschen. Manche trugen Lasten auf dem Kopf und zogen ihre Kinder am Arm, die wohl keine Lust mehr zum Weiterlaufen hatten. Dann kamen die etwas Schwächeren und Alten. Viele waren körperbehindert und quälten sich humpelnd oder auf Krücken den Weg entlang. Die meisten liefen barfuß, einige wenige in ausgelatschten Sandalen. Die wenigen Kleider, die diese Leute trugen, waren ärmlich und verschlissen. Kaum einer grüßte. Gesenkten Blickes zogen sie an mir vorbei. Den Schluss machte ein alter, buckeliger Mann in Begleitung eines Jungen, der ihn stützte. Die Beine des Alten waren so dünn wie meine Unterarme. Ich war erschüttert und betroffen von dem Elend und dem schweren Schicksal dieser Ärmsten der Armen. Schade, dass ich dem Saddhu nicht etwas mehr Geld gegeben hatte für seine Leute. Sie hätten es sicher gut gebrauchen können.

In Ghasa gibt es noch etwas Besonderes, einen kleinen buddhistischen Tempel, die Tukchamba Gompa, die ein Synonym der Wildgans im Namen trägt. „*Buddhist temple Ghansa*" liest man auf einem Schild direkt am Pilgerweg. Eine alte Frau öffnete mir auf meinen Wunsch hin mit einem Schlüssel das kleine buddhistische Gotteshaus, das früher kein Tempel, sondern ein *Kangni,* ein „Dämonen-Torbogen" war, welcher im Glauben der Thakali den Zweck erfüllte, böse Geister und Krankheiten vom Dorf fernzuhalten. Wer unter dem *Kangni* hindurchgeht, ist von Sünde befreit, so glauben noch heute die Einheimischen. Leider ließen sich baulich keine vorbuddhistischen Einflüsse einer schamanistischen Kultur oder einer Naturreligion ausfindig machen. Die Innengestaltung des Tempels war gänzlich im klassischen buddhistischen Stil.

Trotzdem darf vermutet werden, dass diese alten Bräuche, aus der schamanistischen Tradition kommend, sich hier mit buddhistischen Glaubensvorstellungen vermengt haben. Der Ort wird in vorbuddhistischer Zeit schon eine Kultstätte gewesen sein. Ausgrabungen bestätigen immer wieder, dass die alten Standorte von Tempeln und Heiligtümern während des Einzugs und der Verbreitung einer neuen Religion erhalten blieben.

Ähnlich war es auch in unserem Kulturkreis. Zum Beispiel auf dem Jakobsweg: Wo heute Klöster und Kapellen stehen, waren in einer Vielzahl von Fällen ursprünglich heidnische Kultstätten wie Quellenheiligtümer, Menhire, Dolmen und Steinkreise.
In Ghasa lernte ich Lisa kennen. Eine junge Frau aus Kalifornien, die sich nicht scheute, das Abenteuer einer Trekkingtour ganz allein auf sich zu nehmen. Sie war mit dem Flugzeug nach Jomsom geflogen und lief das Tal des Kali Gandaki flussabwärts. Wir hatten also den gleichen Weg und liefen zusammen.
Gegenüber der vom Regen abgewandten Ostseite des Annapurna-Massivs ist die Westseite relativ dicht besiedelt, die Vegetation ist üppig, subtropisch und die Menschen können von den Gaben der Natur relativ gut leben. Der Reichtum der Natur ist durch die regelmäßigen Niederschläge bedingt. Das Wetter hier könnte man kurz und knapp wie folgt beschreiben: Morgens steigt nach zwei bis drei Stunden Sonnenschein Quellbewölkung auf und mittags regnen sich die Wolken an den Bergen ab. Ein solches mittägliches Gewitter hätte uns auf halber Strecke nach Tatopani fast erwischt, aber wir erreichten gerade noch ein kleines Teehaus, das mit einem wunderschönen Ausblick von einem Felsvorsprung und einer warmen Küche zum Verweilen einlud. In der kleinen Hütte saßen ein halbes Dutzend Wanderer aus allen Teilen der Welt. Es herrschte eine gemütliche, etwas ausgelassene Stimmung. In einer Ecke saßen zwei Franzosen. Einer von ihnen spielte Gitarre und es erklang: „Swing low, sweet chariot“, ein alter Gospelsong. Auch Lisa schien es in der gemütlichen Hütte zu gefallen. Das sah man ihr an. Sie schrieb eifrig in ihrem Tagebuch und erzählte zwischendurch von ihren Erlebnissen.
Am späten Nachmittag kamen wir kurz vor einer Brücke zu einem „Checkpoint“. Polizisten kontrollierten unsere Ausweise und wir wurden in einem Buch registriert. Dann durften wir weiterziehen. Hinter dem kleinen Dorf Banskot mündet der Miristi Khola in den Kali Gandaki. Er bringt frisches, grünblaues Bergwasser von den Osthängen des immer in Wolken gehüllten Nilgiri. Ein Zeichen dafür, dass dieser Berg trotz aller

Mythen, die ihn als dunkle und finstere Erscheinung beschreiben, Leben spendende Merkmale aufweist.
Ich hatte mir zum Ziel gesetzt, die heißen Quellen von Tatopani an diesem Tag noch zu erreichen. Der Ort war mir unterwegs als schöner Flecken mit warmem Klima beschrieben worden und an den heißen Quellen wollte ich einen Wasch- und Badetag einlegen.
Lisa machte unterwegs ein wenig schlapp. Ich hätte Grund gehabt, alleine weiter zu gehen und nicht mehr nach ihr zu schauen, denn sie erzählte so viele belanglose Dinge und prahlte mit ihren Reiseerlebnissen, was mich bisweilen nervte. Trotzdem blieb ich bei ihr, erwies mich als Kavalier und machte ihr auf humorvolle Weise immer wieder Mut zum Durchhalten.
Am Abend marschierten wir nach einem anstrengenden Tagesmarsch gemeinsam in Tatopani ein.
Das Dorf ist in der Saison von Treckern und Touristen gut besucht. Viele kommen von Jomsom oder Pokhara hier her, bleiben ein paar Tage und kehren dann wieder um. Die meisten Hotels haben Gartenrestaurants und strahlen ein exotisches Flair aus. Ich belegte ein schönes Zimmer in der Himalaya Lodge, während Lisa mit der Unterkunft noch haderte. „Haben Sie Duschen mit warmem Wasser?“, fragte sie. „Ja, natürlich“, antwortete der Wirt. „Sind die Duschen solar oder mit Gas betrieben? Das letzte Mal hatte ich keine warme Dusche und ich möchte heute unbedingt warm duschen.“ – „Wir haben solar erwärmtes Brauchwasser, keine Sorge, Fräulein. Abends ist es immer warm, es reicht für mindestens zwei Personen.“ Lisa schien dem Mann nicht zu glauben und sagte: „Ich schaue mich lieber woanders um.“ – „In diesem Dorf haben alle solar betriebene Duschen“, entgegnete er. Doch Lisa ließ sich nicht überreden. Während sie eine komfortablere Unterkunft suchte, machte ich es mir in meinem Zimmer bequem. Für mich war es der schönste Raum im ganzen Hotel, weil ich durch ein großes Fenster Sicht auf den Dhaulagiri hatte.
Nach einer Weile kam Lisa zurück und meinte, sie wolle nun doch lieber hier bleiben, denn sie hätte nichts Geeignetes gefunden. Ich hatte mir gerade den Schlüssel für die Dusche ge-

holt, als wir uns auf dem Gang begegneten. „Wenn du willst, lasse ich dir den Vortritt", und bot ihr den Schlüssel an. „Das ist nett von dir, danke! Ich habe es bitter nötig", sprach sie, nahm den Schlüssel und ging bald darauf eine halbe Stunde oder länger duschen. Als sie endlich fertig war, brachte sie mir den Schlüssel und sagte: „Es hat *doch* nur für eine Person gelangt. Das Wasser ist leider schon kalt. Sorry!" Ich war nicht wirklich böse, aber den Abend verbrachte ich dann doch lieber allein.

Die einfachsten menschlichen Spielregeln wie „Rücksicht nehmen" oder „Teilen lernen" stehen nicht in irgendwelchen Gesetzesbüchern oder Verordnungen. Man bekommt sie zunächst durch die Erziehung vermittelt, lernt sie aber letztendlich durch Selbsteinsicht anzuwenden. Es ist wichtig im Leben, dass man sich selbst immer wieder beobachtet und seine eigene Meinung kritisch hinterfragt, dann kommt man als Mensch auch weiter und wird mehr und mehr den tieferen Sinn des Lebens erkennen. Dieser tiefere Sinn im Leben hängt meiner Meinung nach damit zusammen, dass wir etwas zum Positiven bewegen und verändern müssen. In jeder Menschenseele existieren die beiden Urwünsche, „glücklich" und auch körperlich „unsterblich" zu werden. Dieses lässt sich für alle Menschen verwirklichen, wenn die archaischen Gesetze von einer größeren Zahl von Menschen erkannt werden und wenn sich **eine ständig verbessernde Ethik immer mehr der Arché angleichen wird***.*
Die Verbesserung der Lebensverhältnisse auf der Erde für alle Menschen, mit dem Ziel, dass alle Menschen auf Erden **glücklich** *werden können, ist möglich.*
Das Durchbrechen des Kreislaufs von Geburt und Wiedergeburt, mit dem Ziel **unsterblich** *und* **göttlich** *zu werden, ist möglich.*
Diese beiden Urideale versuchten die beiden großen spirituellen Weisheitslehrer Jesus Christus und Siddharta Gautama den Menschen näher zu bringen. Man könnte ihre Botschaft kurz zusammenfassen.
Bei Jesus ist es die Forderung nach bedingungsloser Nächstenliebe und seiner Verkündigung der Basileia tu theu (das Himmelreich ist nah …, … wie im Himmel **als auf Erden***!).*
Bei Gautama ist es die Botschaft der Möglichkeit einer Selbstbefreiung von allem Leid, von Karma und von Wiedergeburt im Daseinskreislauf.

Und über beiden schweben die archaischen Gesetze des göttlichen Urgrunds allen Seins.
Zunächst eine zu einfache idealistische Sichtweise, fernab der Realität, wie mancher einwenden möge, jedoch ist dieser Menschheitstraum nicht nur uralt und in jedem einzelnen von uns vorhanden, sondern meiner Meinung nach ist das Erstreben der Umsetzung dieser Ideale zwingend notwendig, wenn wir die Erde vor einer globalen Katastrophe retten wollen. Anderenfalls wird dieses Menschengeschlecht untergehen wie einst die Atlanter durch die Sintflut.
In meinem Weltbild sieht es die Evolution vor, dass die Geschichte der Menschheit einen positiven Ausgang haben wird, weil wir trotz allem Leid, Krieg und Elend am Verlauf der Geschichte eine positive Entwicklung ablesen können. Siehe die immer mehr um sich greifenden pazifistischen Friedensbewegungen, siehe die immer mehr um sich greifende Demokratisierung von Gesellschaftssystemen, siehe ein immer größer werdendes soziales Engagement innerhalb der Wohlstandsgesellschaften usw.
An einen positiven telos (griech: Ziel) glaubte auch Jesus Christus, deshalb lehrte er uns zu beten: Dein Reich komme, dein Wille geschehe, wie im Himmel **als auf Erden**. *Dass das Himmelreich auf Erden durch menschliche Leistung als auch durch göttliche Gnade geschaffen werden kann, passt im Übrigen wunderbar zu der Theorie vom freien Willen und vom Schicksal des Menschen, wobei sich deren Axiome in keiner Weise widersprechen müssen. Es ist nämlich das Schicksal des Menschen, dass er sich selbst befreien muss, es ist nämlich das Schicksal der Menschheit, dass sie globalen und sozialen Frieden und Gerechtigkeit schaffen muss, und zwar aus freiem Willen. Ein altes Sprichwort sagt: Hilf dir selbst, dann hilft dir auch Gott!*
Eine soziale, globale Ethik für alle Menschen in Anlehnung an die Arché muss kommen, wenn auch in ferner Zeit.
Eine relative absolute Göttlichkeit in einem feinstofflichen Körper werden wir freilich erst in einer nicht irdischen, feinstofflicheren Welt erfahren, doch den Grundstock dafür setzt jeder Mensch für sich selbst in seinem persönlichen, irdischen Leben.

Während Lisa am nächsten Morgen des Weges zog, suchte ich am Flussufer nach den bekannten heißen Quellen, die in zwei Bassins gefasst sind und als öffentliche Anlage genutzt werden.

Einige einheimische Dorfbewohner waren da, beobachteten neugierig jede meiner Tätigkeiten und amüsierten sich über meine helle Haut, als ich mich bis auf die Badehose entblößt hatte. Ich finde, Nepalesen und Inder haben ein etwas übertriebenes Schamgefühl. Die Frauen saßen zum Teil mit Kleidung im Wasser. Ich stieg in eines der Bassins, nachdem ich mit meinen Zehen auf dem Beckenrand sitzend die Temperatur vorgefühlt hatte. Ich schätzte diese auf ca. 40 Grad. Das heiße Wasser kommt direkt aus der Erde und bleibt in seinem natürlichen Zustand erhalten. So entspannte ich mich und meinen Körper eine ganze Weile, als sich vor meinen Augen eine interessante Szene abspielte.
Während ich in einem der Becken für mich allein saß, wuschen an einem Brunnen mit heißem Wasser einige Frauen ihre Wäsche. Ein pilgernder Saddhu kam daher. Er führte einen Regenschirm und einen wunderschönen Dreizack als Pilgerstab mit, legte sein Gepäck in die Ecke und schaute sich um. Er schien zu überlegen. Dann umrundete er die beiden Becken in Form einer Lemniskate*, beugte sich am Beckenrand nieder und schöpfte mit der Hand heißes Wasser über sein Haupt. Jetzt zog er sich bis auf den Schambereich aus und ging zum Brunnen. Dort wusch er sich geschmeidig wie eine Katze. Dabei glitten seine Hände über seinen quirligen, drahtigen, schlanken Körper mit einem Stück Seife. Jede Bewegung tat er mit einer gewissen Eleganz. Jede Bewegung schien zu einem einzigen zusammenhängenden Ritual zu gehören. Erst als er sich gründlich gewaschen hatte, stieg der Mönch andächtig in das heiße Wasserbecken, in den Schoß der großen Muttergöttin. Spätestens jetzt wusste ich, dass ich etwas vergessen hatte. Ich ärgerte mich und war enttäuscht von mir selbst, dass ich nicht gleich erkannt hatte, wie heilig dieser Ort auch heute noch den Saddhus ist, wenngleich die Einheimischen ihn als gewöhnliche Badestelle und Waschplatz in jüngerer Zeit umfunktioniert haben.

---

* Schleifenförmige Figur in Form einer länglichen „8“

Am frühen Abend – ich esse für gewöhnlich relativ früh, damit der Magen in den Momenten der abendlichen Meditation leer ist – saß ich in der Himalaya Lodge zu Tisch, als sich eine Gruppe Koreaner in dem Gasthaus einfand. Eine Wandergruppe von sieben oder acht Leuten und einem „Guide". Sie waren fröhlicher Laune und so manche Flasche Alkohohl machte die Runde. Zu einem gewissen Zeitpunkt fingen diese Leute an, frei und ohne Hemmungen ihre Geldscheine auf den Tisch zu legen. Anscheinend ging es darum, wer das meiste Geld in Dollar besaß. Nachdem einer nach dem anderen sein Geld vorgezählt hatte, lagen nun mehrere hundert Dollar auf dem Tisch und sie ergötzten sich an deren Anblick. Die einheimischen Nepalesen, die den Vorgang beobachteten, bekamen natürlich Stielaugen. Sicherlich hatten sie noch nie so viel Geld auf einem Haufen gesehen.
Ich empfand es als einen Affront, diesen armen Menschen gegenüber mit seinem Geld auf diese Weise zu protzen. Eine Taktlosigkeit sondergleichen.
Ich zog mich auf mein Zimmer zur Meditation zurück. Es war eine sternklare Nacht, die Umrisse des „weißen Berges", des Dhaulagiri, waren noch deutlich zu erkennen, aber den abnehmenden Mond der großen Muttergöttin sollte ich heute und auch an den weiteren Abenden nicht mehr zu Gesicht bekommen.

Große Muttergöttin! Gelöscht ward mit der „7" das Karma, überschritten mit der „8" die Schwelle des großen Hüters, des Saturn. Lehre mich zu handeln im Sinne der „9". Ich bitte dich aus ganzem Herzen.
Große Muttergöttin! Lehre mich, den Unwissenden und aus ganzem Herzen nach Weisheit und Wahrheit Suchenden, die Wege der Vollkommenheit.

Der Geliebte spricht weise aus dem Geist der Selbsterkenntnis und möge das Geheimnis der Zahl „9" vernehmen.
In der neunten Stunde endete das Leiden Jesu am Kreuz.
Neun Monate verbleibt das Ungeborene im Leib der Mutter.

Drei mal dreifache Vollkommenheit erlangt der Geliebte, indem er physischen Leib, Lebensleib und Kausalleib vervollkommnet, niederes Selbst, mittleres Selbst, höheres Selbst vervollkommnet, Körper, Geist und Seele vervollkommnet.
Durch neun Planetensphären ist der Geliebte gewandert und steht im Vorhof zum Empyreum, dem Ort der Pforte zur Erlösung.
Nicht mehr erreichen den Geliebten die zerstörerischen Kräfte des Saturns, denn er steht über ihm.
Verharrt der Geliebte in der neunten Sphäre, so wird er der Schau alles Vergangenen und alles Zukünftigen gewahr.
In der neunten Sphäre entscheidet der Geliebte aus freiem Willen, ob er als Bodhisattva wiederkommen oder für immer in eine höhere Welt eingehen wird.

Heiße Quelle von Tatopani

Der Weg der Spirale führt nach innen

10. Etappe: Von den heißen Quellen in Tatopani nach Chitre

Ausgeruht, mit frischen Kräften und sauberen Kleidern verließ ich Tatopani am frühen Morgen. Ich hatte mir kein Ziel gesteckt, aber ich wusste um die täglichen Gewitter, also wollte ich den Donnergott im Auge behalten. Ich folgte zunächst dem Kali Gandaki flussabwärts. Bei Thekarka überquerte ich den Fluss und meditierte an einer kleinen Gompa, während das Licht der aufgehenden Sonne langsam über die Berge kam. Dann wanderte ich, begleitet von einer Mulikarawane, steil bergauf an einigen Teehäusern und Bauernhöfen vorbei. Ich musste oft verschnaufen, denn es war sehr anstrengend. Unterwegs überholten mich die Koreaner. Sie hatten ihr Gepäck auf Mulis geladen, die sie am Zügel führten.

Ich kam nach Ghara, wo ich eigentlich nur eine kurze Rast einlegen wollte, als mir plötzlich jemand aus einer Lodge, an der ich vorbei lief, zurief: „Psst! Komm rein und bleib hier! Maoisten sind im Dorf!" Der Mann, den ich jetzt erblickte, winkte mir aufgeregt und energisch zu, so dass ich mich ohne zu zögern in seine Hütte begab. „Setz dich hin und warte hier, bis sie weg sind", sagte er. „Wo sind sie?", fragte ich. „Da oben im Dorf, die Kinder haben es mir gerade erzählt." Ich konnte durch ein offenes Fenster auf die Straße schauen und sah, wie einige Schulkinder in Eile nach Hause liefen. „Werden sie hier her kommen?", fragte ich. „Ach nein, ich glaube nicht, die haben schon bekommen, was sie wollten. So ein kleiner Überfall geht ganz schnell, weißt du. Einer oder zwei stehen Schmiere, während die anderen zu den Touristen in das Restaurant gehen und sie zur Kasse bitten. Dann hauen sie schnell wieder ab. So läuft das. Zwei Mal waren sie die letzte Woche schon da." – „Und die Polizei?", fragte ich. „Ich habe hier schon lange keine Polizei mehr gesehen. Die sitzen in Jomsom und passen auf sich selbst auf! Darf ich dir etwas zu essen anbieten?" – „Ja, gerne! Ein Glück, dass Sie mich gewarnt haben. Was gibt es denn bei Ihnen Gutes?" – „Alles was Sie wollen! Möchten Sie

Fleisch oder Gemüse?" – „Lieber Gemüse mit Reis und … haben Sie eigene Hühner?" – „Ja, habe ich." – „Dann noch zwei Eier in der Pfanne." – „Kein Problem." Während der Mann mir mein Essen zubereitete, musste ich an die Koreaner denken und betete für sie. Es heißt immer wieder, dass die Maoisten den Ausländern nichts tun, dass sie nur Geld haben wollen, aber wer weiß?

Ich hatte immer wieder von Anschlägen und Überfällen gehört, als ich unterwegs war.

„Wie denken Sie über die Maoisten?", fragte ich den Mann. „Wissen Sie, die sagen, sie nehmen das Geld, welches sie von den Leuten erpressen, um Schulen damit zu bauen, aber in Wirklichkeit nehmen sie es für sich selbst und verleben es." – „Und wie denken Sie über den König?", fragte ich neugierig. „Der König gibt eine Menge Geld aus für Personenschutz und Erhaltung seines Hofstaates, während das Volk hungert. Wissen Sie, wir hatten schon kurze Zeit eine Demokratie, aber die Abgeordneten waren korrupt. Wie soll es weitergehen? Wenn sich die Anschläge häufen, bleiben die Touristen eines Tages noch ganz aus. Am Besten wäre Frieden und eine richtige Demokratie." – „Ja, Frieden und eine richtige Demokratie", stimmte ich zu.

Nach dem Essen fragte ich den Wirt, was ich jetzt tun sollte und ob die Luft schon rein wäre. Ich konnte doch nicht ewig in einem Wirtshaus sitzen und warten.

„Ich werde mal nachsehen", sagte er und ging nach draußen. Ich schaute ihm durch ein Fenster nach, wie er zwei Kinder auf der Straße anhielt und sie ausfragte. Dann kam er zurück und sagte: „Geh! Der Weg ist frei, sie waren nur kurze Zeit da und haben einer Gruppe von Koreanern das Geld abgeknöpft. Warte nicht zu lange." – „Nein, warum sollte ich auch, wenn der Weg frei ist, schleich ich mich leise durch das Dorf."

Es lag eine gespenstische Stille über Ghara. Anscheinend hatte sich herumgesprochen, was passiert war und die Leute hatten sich aus Angst verkrochen.

Nach einer Stunde weiteren Anstiegs kam ich durch ein Dorf namens Shika. Ich hielt mich dort nicht länger auf. Wie ich

später erfahren habe, ist die ganze Gegend berüchtigt wegen der Beutezüge der aus den umliegenden Bergen kommenden Räuber. Auch das nächste Dorf Phalante durchquerte ich eiligen Schrittes, doch ich sah hier Dorfbewohner mit ihrer Arbeit beschäftigt. Sie grüßten freundlich und winkten mir zu, so dass ich hier keine Gefahr witterte. Am Nachmittag erreichte ich Chitre. Gerade hatte ich die ersten Häuser erblickt, als sich über mir ein Gewitter zusammenbraute. Ich schaffte es nicht mehr trockenen Fußes in die erste Lodge. Dort angekommen, bestellte ich mir sogleich eine Kanne Nepali-Milktea und wechselte meine nassen Sachen. Zwei Stunden schaute ich dem strömenden Regen durch ein geöffnetes Fenster zu. Ein Bach bildete sich dort, wo eben noch der Weg war und schwemmte die Erde weg. „Jeden Nachmittag das gleiche Wetter!“, seufzte der Wirt. „Man kann die Uhr danach stellen, aber haben Sie keine Sorge, es hört wieder auf.“
Um mir die Zeit zu vertreiben, las ich in der Bagavadgita.

Weder die Sonne noch der Mond oder irgendein anderes irdisches Licht erhellen den Bereich des Geistes. Ein Teil des Geistes, der sich als ewige Seele individualisiert hat, verstrickt sich mit der Schöpfung und zieht die Sinne (und den Körper) an sich, von denen das Gemüt der sechste Sinn ist. Wenn der Geist (als individualisierte Seele) sich verkörpert und wenn er den fleischlichen Körper verlässt, nimmt er die Sinne und das Gemüt mit und wandert durch den Raum verschiedener astraler Bereiche. Weise erkennen durch Meditation, dass die Natur des Geistes unabhängig von den Eigenschaften der Natur ist, doch jene, denen es an Selbstdisziplin mangelt, erlangen diese Erkenntnis nicht. Geist erhält alle Geschöpfe in den von ihm geschaffenen Welten mit seinen Leben spendenden Kräften; auch die Pflanzen und alle anderen Lebewesen. Geist verwandelt sich in die feinen elektrischen Kräfte, mit denen Nahrung verdaut und die verschiedenen Lebensprozesse in Gang gehalten werden.
(BG 6 – 15)

Der Tag war wie im Flug vergangen und es war schon später Nachmittag. Ich hatte heute keine nennenswerte Strecke zurückgelegt, wegen der vielen Steigungen und der unfreiwilligen Warte-

zeiten. Irgendetwas war anders an diesem Tag, als hätte jemand die Zeit anhalten wollen, und doch war sie mir davongelaufen. Nach dem Gewitter suchte ich mir in Chitre eine Bleibe, denn auf der nächsten Etappe erwartete mich der nepalesische Dschungel und ich wollte doch nicht bei den wilden Tieren im Wald schlafen.
An der Stelle, wo sich der Weg teilt, fand ich eine einladende Lodge mit gastfreundlichen Leuten und gutem Essen. Mein Zimmer war wie immer einfach und bescheiden, aber zu meiner Zufriedenheit.
Am Abend klarte es auf und es ließ sich noch einmal die Sonne blicken. Ich ging nach draußen und betrachtete das Schauspiel der Natur mit dem Spiel des Lichts mit den Elementen Erde und Wasser.
Ein fahrender Händler kam vorbei und ich kaufte ihm zwei Mangos ab. „Wohin gehen Sie, Sir? Gehen Sie nach Charopani?“ – „Nein, ich gehe zum Heiligtum der Muttergöttin“, sagte ich. „Ah, dann müssen Sie hier abbiegen. Die meisten gehen nach Charopani, wegen der Aussicht.“ – „Ich weiß! Ist dieser Weg, der hier abzweigt, in Ordnung?“ – „Da fragen Sie mich was, ich glaube ja, aber Sie werden kaum jemandem begegnen, es gibt keine Dörfer da oben. Wann wollen Sie losgehen?“ – „Morgen früh“, sagte ich. „Ja, gehen Sie früh los, dann schaffen Sie es vielleicht bis Chomrong an einem Tag“, riet mir der Händler.
In Chitre verlässt der Pilger die Hauptwanderstrecke und geht den Weg der Spirale nach innen. Über Chomrong und Deurali bis zum Annapurna-Base Camp sind es von hier noch drei Etappen. Wie sich doch alles ohne mein Zutun fügte. Noch drei Etappen, sagte mir meine innere Stimme, als ich am Abend die Landkarte betrachtete. Ich nahm die Sarangi in die Hand und spielte auf ihr ein letztes Mal, denn das Kolofonium war schon fast verstrichen. Wie schade, dann könnte ich nicht mehr üben. Aber ich wusste, es würde auf diesem Instrument möglich sein, eine *chromatische* Tonleiter mit allen dreizehn Tönen zu spielen. Ich war tief berührt von dieser Erkenntnis.

Ghara

Bauern beim Pflügen eines Feldes

Fahrender Händler

Der Weg der Spirale führt über Chomrong

Schon früh am Abend ging ich deshalb in die Meditation und legte mir einige mentale Übungen zurecht, um mich von den Schwingen des Seelenvogels in eine ganz bestimmte Richtung tragen zu lassen, zu jenem Ort, den die Yogis Shambala und die Ritter vom Rosenkreuz das Gralsland, die Buddhisten und Hindus den Berg Meru nennen.

Große Muttergöttin! Nicht würdig ist der Geliebte einzugehen in das Empyreum.
Gegangen ward er zu schauen in die Vergangenheit und in die Zukunft an der Schwelle der „9“.
Nicht würdig ist er zu betreten den Tempel des silber-goldenen Lichtes der „10“.
In Demut harrt er zu Diensten des geliebten Allerhöchsten.
Als Werkzeug des Schöpfers, als wahrer Geliebter und Sohn der großen Göttin.
Große Göttin des Überflusses! Schenke mir deine Gnade und offenbare deinem treuesten Knecht das Geheimnis der Zahl „10“. Ich bitte dich von ganzem Herzen.

Zum Wohlgefallen des Herren aller Heerscharen vernimm das Geheimnis der Zahl „10“.
Offenbart wird dem Geliebten das Geheimnis des zehnten Zeitalters und das Geheimnis des aufsteigenden und absteigenden Bogens in Bezug auf die Zahl „10“.
Gekommen waren die großen Söhne des Urgrunds allen Seins im zehnten Zeitalter, dem Zeitalter des Fisches, dem Topos der Evolution, dem Punkt der intensivsten und dynamischsten, aber nicht größten Ausdehnung des Kosmos.
Wahrlich! Wahrlich ich sage dir! So wie der Atem die Bauchdecke hebt, so ist ein Atemzug des großen Schöpfers des Alls, wenn er seinen Leib ausdehnt.
So wie die Wildgans ihre Schwingen bewegt, so wird sein der aufsteigende und absteigende Bogen, wenn der Geliebte die Wahrheit zu erkennen beginnt.

Große Muttergöttin! Verrate mir das Geheimnis der großen Söhne des Urgrunds allen Seins.

Gekommen waren die großen Söhne mit Macht und mit einem großen Auftrag, wie keine mehr kommen werden.

Finde das Omega in der Radnabe des zehn-speichigen Rades und du wirst sehen den Geliebten des geliebten Allerhöchsten*, *der mit großer Macht gekommen war aus dem Urgrund allen Seins. Nicht nach ihm und nicht vor ihm ward gekommen Vorzüglicheres und Vollkommeneres.*

Für Pythagoras war die Zahl „10" die vollkommenste aller Zahlen, weil sie das Ende und den Anfang aller Zahlen gleichzeitig darstellt. Alle folgenden Zahlen 11, 12, 13, 14 usw. sind im Grunde nur Wiederholungen der zehn Ziffern „0" bis „9".
Zehn ist die Summe der vier ersten Zahlen 1 + 2 + 3 + 4 und deutet mit der Vier auf einen irdischen Höhepunkt hin. Dieser Höhepunkt ist im laufenden platonischen Weltenjahr (ca. 26000 Jahre) zu Beginn des zehnten Zeitalters, des Fischezeitalters gewesen, als große spirituelle Lehrer wie Pythagoras, Laotse, Buddha, Konfutse, Jesus Christus und Mani auf den Plan der Geschichte traten. Nicht zufällig war der Stern von Betlehem eine Konstellation der beiden Planeten Jupiter und Saturn im Sternbild der Fische. Mit Recht bezeichnen einige Autoren, wie zum Beispiel Helmut Uhlig, den Beginn des Fischezeitalters als Achsenzeit, eingeläutet von keinem Geringeren als dem großen Philosophen, Ethiker, Mathematiker und Musiker Pythagoras. Es ist unwahrscheinlich und unlogisch zu denken, dass es in Zukunft noch neue Religionsstifter oder spirituelle Lehrer von dieser Kraft und Stärke geben wird, denn das Wichtigste, was in Bezug auf Gott und die Welt gesagt worden ist, wurde bereits von diesen gesagt. Jene, die nach ihnen kamen, griffen in der Regel schon da gewesene Thesen auf und verfeinerten oder, was leider auch passierte, verfälschten sie. Wie in der Musik bei den Tönen die Obertöne auf einer angeschlagenen Saite dem Grundton nachklingen, so geht es bei den Ereignissen in der Geschichte der Menschheit zu. Nehmen wir zur näheren Anschauung ein Beispiel: Die griechische Kultur in der Antike. Sie begann mit Homer und Hesiod und dem Zeitalter der sieben Weisen mit Solon und den Naturphilosophen Thales, Anaximander, Anaximenes über die Pythagoreer , Eleaten und andere vorsokratische Strömungen bis

---

* Vgl. hierzu das Christusmotiv am Hauptportal des Doms zu Speyer

zu ihrem Höhepunkt, der griechischen Klassik mit Sokrates, Platon und Aristoteles. Den Nachklang bildeten die Schulen der Epikureer und der Stoa bis in die hellenistische Zeit. Wir können also einen relativ langsamen Aufstieg und einen relativ raschen Abstieg beobachten. Dieses Grundschema des langsamen Aufstiegs und des raschen Abstiegs lässt sich auf viele kulturelle Strömungen und gesellschaftliche Entwicklungen übertragen. Ähnlich verhält es sich mit unserem Atem und mit der Ausdehnung des Universums. Es herrscht unter Astronomen die als evident geltende Meinung, dass der Weltraum sich in einer Phase der Ausdehnung befindet. Würde man diese Ausdehnung in einem aufsteigenden Bogen skizzieren und in 12 Teile teilen, so wäre zwar die größte Ausdehnung am Punkt „12", jedoch die größte Beschleunigung und Dynamik am Punkt „10". Ähnlich verhält es sich mit unserem Atem. Wir können es am besten beobachten, wenn wir einen Luftballon aufblasen oder unsere Hand beim Einatmen auf das Zwerchfell legen. Wie im Großen, so im Kleinen! Archäologische Funde bestätigen ebenso, dass die These vom langsamen Aufstieg und raschen Abstieg und einem Punkt der größten Beschleunigung des Universums schon den Druiden bekannt war. Im Kanton Waadt in der Schweiz gibt es einen prähistorischen Bohrlochstein (La Pierre Schacran), der mit 12 eingeschlagenen Löchern einen aufsteigenden Bogen darstellt. Auch die römischen und germanischen Graburnen der frühen Kaiserzeit, wie man sie zum Beispiel in Tisice (Böhmen) oder in Prositz (Sachsen) gefunden hat, sowie deren Beilagen, sogenannte „Augenfibeln", zeigen in vielerlei Hinsicht aufsteigende und absteigende Bögen. Betrachten wir nun die „10" als den Topos einer kulturellen Entwicklung oder der dynamischsten Phase bei der Ausdehnung des Weltraums, so könnte man das Fischezeitalter, welches eben das zehnte Zeitalter im jetzigen Weltenjahr darstellt, als einen Nachklang oder Oberton einer angeschlagenen Saite des gesamten Erdzeitalters oder eines Äons betrachten. Es wäre interessant herauszufinden, an welchem Punkt der Ausdehnung sich das Universum als Ganzes befindet. Ich bin überzeugt davon, dass sich die Zahlenverhältnisse übertragen lassen und dass sich ein Grundton finden lässt.

Im nepalesischen Dschungel

11. Etappe: Chitre – Tadapani – Chomrong

Mit dem ersten Hahnenschrei war ich auf den Beinen und wanderte in einen wunderschönen Morgen hinein. Die Vögel sangen und es empfing mich mit blühenden Rhododendronwäldern der nepalesische Dschungel. Der Waldboden unter meinen Füßen triefte vor Wasser und es wanderte sich leicht und locker wie auf einem nassen Teppich. Moosbewachsen hingen Lianen wie Barthaare von den mächtigen Baumkronen. An einer Lichtung hatte ich noch einmal Sicht auf den Dhaulagiri. Der „weiße Berg" zeigte sich ein letztes Mal in seiner ganzen Schönheit. Sein Gipfel, von den ersten Sonnenstrahlen der aufgehenden Sonne erhellt, überragte wie ein Herrscher die noch im Morgengrauen liegende Umgebung, einschließlich der Ausläufer des dunklen, gespenstisch in Wolken und Nebel gehüllten Nilgiri. Der Weg führte zu einem Bach und teilte sich. Auf der rechten Seite zeigte ein Schild nach Deorali*, der andere Weg war nicht ausgeschildert. Ich schaute noch einmal sehr sorgfältig auf die Wanderkarte und versuchte meinen Standort herauszufinden. Ich glaubte zu wissen, wo ich mich befand und entschied, Deorali zu umgehen. Ich hoffte, der linke Weg würde mich direkt nach Tadapani führen, welches ich bis Mittag unbedingt erreichen wollte.

Ich ging den linken Pfad weiter in der Hoffnung, dass er mich zu meinem Ziel führen würde, bevor das tägliche Mittagsgewitter hereinbrechen würde. Guter Laune und im Vertrauen auf meine innere Stimme marschierte ich los. Es störte mich nicht, dass ich dabei immer tiefer in den Urwald geriet. Im Gegenteil! Meine Aufmerksamkeit war mit voller Konzentration auf meine Naturerlebnisse, auf die Geräusche meiner Schritte und die meines Atems gerichtet. Gleichzeitig fühlte ich, dass ich von unsichtbaren Augen höherer Kräfte beobachtet wurde. Das al-

---

* Es ist ratsam, hier auf dem Hauptweg zu bleiben, falls jemand beabsichtigt, die Spirale zu gehen.

les bewirkte in meinem Innern eine ungeheure Spannung, gleich einem Bogen, der bis zu seinem äußersten Punkt gespannt wird. Mit dieser inneren Spannung meiner Sinne und meiner Seele erkundete ich die unbekannte, aufregende, neue Welt.

Eine Horde Langur-Affen verfolgte mich mit ihrem Geschrei. Vielleicht war ich in ihr Revier eingedrungen und sie wollten mich vertreiben. Seltsame Vogelstimmen begleiteten mich. Eine dieser Vogelstimmen war besonders interessant. Der unbekannte Vogel, der sich mir nicht zeigte, pfiff einen einzigen hoch frequentierten Ton, der konstant lauter wurde. Als würde das Signal eines Senders als Ton eines unsichtbaren Etwas auf mich zu kommen. FFüüüüüiiiiiii! FFüüüüüiiiiiii! FFüüüüüiiiiiii! Einige Momente später sah ich einen Wiedehopf, eine Vogelart, die man auch in unseren Breiten, wenn auch selten, zu Gesicht bekommt. Er hat ein weiß-gelb-schwarzes Federkleid, einen gebogenen Schnabel und eine Haube wie eine phrygische Mütze.

Dann sah ich einen Fasan vor mir ins Unterholz huschen. Es gibt derer viele Arten in Nepal und dieser hier hatte ein prächtiges Federkleid mit einem weit ausladenden gebogenen Schweif.

Ich war fasziniert und beeindruckt von den Geräuschen und den Tieren in der fremden Natur und erfreute mich an dem Schauspiel, welches sich mir offenbarte. Zwar sah ich im dichten Unterholz nicht sehr weit, aber die bizarren und dichten Strukturen wurden immer wieder von vereinzelten Lichtstrahlen, die ihren Weg durch die Baumkronen gefunden hatten, angestrahlt. Das ergab besonders reizvolle Kontraste, die meine Phantasie anregten.

Beeindruckt von der mystischen Stimmung, die mich umgab und gespannt wie ein Bogen, der nur darauf wartet, seinen Pfeil ins Ziel zu bringen, geriet ich immer tiefer in den Wald und kam zu einer verfallenen Kultstelle. Etwa zwei Meter hohe Steine waren hier im Halbkreis aufgestellt. In der Nähe plätscherte eine Quelle.

Im nepalesischen Dschungel

Languraffe

Sanft und in ehrfurchtsvoller Stimmung legte ich mein Gepäck und meinen Wanderstab beiseite und stellte mich in die Mitte der Steinreihe, wo ich mit leicht gegrätschten Beinen und mit ausgebreiteten Armen den Göttern für dieses einzigartige Naturerlebnis, das mir beschert wurde, meinen Dank aussprechen wollte. Ich visualisierte das Pentagramm mit den dazugehörigen Symbolen.

Der Platz besaß eine starke energetische Ausstrahlung, die sofort auf mich wirkte. Ich betete mit lauter Stimme und halb geschlossenen Augen:

Der Vater! Der Sohn! Der Heilige Geist! Die große Muttergöttin und Ich, wir sind eins!

… und Ich, wir sind eins, … sind eins … schallte es von den umliegenden Felswänden zurück.

Der Vater! Der Sohn! Der Heilige Geist! Die große Muttergöttin und Ich, wir sind eins! ... und Ich, wir sind eins! … sind eins!

Wie aus heiterem Himmel kam plötzlich ein Windwirbel auf und eine unsichtbare Kraft kam über mich. Als hätte mir jemand eine Kanne warmes Wasser über mein Haupt geschüttet. Doch ich fürchtete mich nicht, denn ich wusste ja, was es war. Stattdessen geriet ich in den Zustand der Verzückung und musste vor Freude weinen. Immer wieder rief ich meine Worte und visualisierte das Pentagramm mit der entsprechenden Zuordnung der Symbole.

Der Vater! Der Sohn! Der Heilige Geist! Die große Muttergöttin und Ich, wir sind eins!

Ich hatte das Gefühl, dass mein Körper nur noch die Hälfte meines Gewichtes wog. Ich ließ voller Ehrfurcht und Respekt von meinen Anrufungen ab, nahm eilig mein Gepäck auf, lief in irgendeine Richtung über Stock und Stein los, bis ich zu einer steilen Felswand kam.

Ich orientierte mich nach der Sonne und entschied, meine Generalrichtung zu halten und über die Felsen zu klettern. Wie eine Katze erklomm ich nun den steilen Hang, von einer ungeheueren Kraft durchdrungen und getragen. Manchmal bohrte ich meine Finger in die Erde oder zog mich an einer Wurzel hoch, ein andermal ergriff ich einen Ast und hoffte, dass er halten würde, wenn ich ein paar Blätter am Ende eines Zweiges umklammerte und mich hochzog. Ich stieg höher und höher und war erstaunt von der Leichtigkeit meines Körpers. Trotzdem kam ich außer Atem oben an. Ich bekam einen Schrecken, als ich sah, wie steil es auf der anderen Seite wieder runter ging. Ich setzte mich erst einmal hin, ruhte mich aus und betete.

Dann nahm ich noch einmal die Karte zur Hand und versuchte meinen Standort zu bestimmen. Die gute Aussicht auf die umliegenden Berge half mir dabei, mich zu orientieren. Ich war sicher, es nun aus eigener Kraft schaffen zu können. Ich hatte keine Angst, dass ich mich verirren oder abstürzen könnte. Viel mehr nahm ich die ganze Situation und die Atmosphäre, die mich umgab, in mein Innerstes auf. Angerührt von meinem Erlebnis und voller Gottvertrauen stieg ich in die von Urwald durchdrungene Schlucht hinab. Ich kam zu einem Bach, dessen Lauf ich folgte. Und wieder waren Vogelstimmen da, die mich begleiteten. Ich folgte ihrem Rufen und Locken und gelangte nach einer Weile zu einem gut ausgetretenen Weg, der mich zu einer Lichtung führte.

Der Donnergott grollte und über mir brauten sich langsam, aber sicher einige Gewitterwolken zusammen. Die Vögel verstummten und flogen davon, als wollten sie sich eiligst um einen Unterschlupf kümmern, oder vielleicht, als wären sie ihrer Aufgabe entledigt worden, mich auf einen ordentlichen Weg zu bringen? Hurtig lief ich den neuen Pfad hinauf, denn ich fürchtete, von dem nahenden Unwetter erwischt zu werden. Einige Felsvorsprünge luden bisweilen als Unterstand ein, doch es konnte nicht mehr weit bis zum nächsten Dorf sein, denn Unrat und beschriftete Wegweiser kündigten die Nähe der Zivilisation an. Dann hörte ich den Klang einer Glocke und die Stimmen von Menschen.

Auf einem 3500 Meter hohen Bergkamm liegt das kleine Bergdorf Tadapani, das ich nun erblickte und wenig später betrat. Es war genau 13 Uhr und in dem Moment, als ich auf der Veranda einer kleinen Lodge meinen Rucksack ablegte, öffnete der Himmel seine Schleusen und es begann in Strömen zu reg-

nen. Blitze zuckten und Donner grollten. Ich war froh, dass ich es gerade noch geschafft hatte. Das Furcht erregende Brrrrrraaaaaah des Donnergottes konnte mir jetzt keine Angst mehr einflößen. Ich kehrte ein und bestellte mir ein warmes Mittagessen.
Die Leute waren sehr nett und luden mich in ihre Küche ein. Sie spendierten einen Tee und baten mich am Kamin Platz zu nehmen, wo ich mich ein wenig aufwärmen konnte.
Es kamen auch einige Träger herein, die sich ebenfalls in die Runde setzten. In der Ecke stand eine Gitarre. Ich war angenehm überrascht und fragte, ob ich das Instrument einmal in die Hand nehmen und ein Lied aus meiner Heimat, aus Deutschland singen dürfe, weil mir gerade danach wäre. Sie stimmten zu und einer reichte mir das Instrument. Die alte Klampfe war nur mit fünf Saiten bespannt, etwas ramponiert und schrecklich verstimmt. Aber egal, ich stimmte sie so gut es ging und begann mit einem kleinen Vorspiel, während prasselnder Regen und Hagelkörner auf dem Blechdach über uns einen Höllenlärm veranstalteten. Wollte der Donnergott mir diese kleine Freude nicht gönnen, oder warum veranstaltete er so einen Lärm? Ich ließ mir die Lust am Musizieren und Singen aber nicht vermasseln, akzeptierte das Prasseln der Regentropfen und das Nageln der Hagelkörner über mir. Wie einen Rhythmus nahm ich die Geräusche auf. Dann sang ich mit Inbrunst und Lust aus voller Kehle:

Zuckt dort ein Blitz und Donner grollt,
von dunklen Wolken dicht verfolgt,
vom großen Regen durchgepeitscht,
auf brauner Haut die Kälte beißt.
Führt eine Spur durch Moos und Mohr,
den Klang von Glocken hört das Ohr,
ich muss die Richtung korrigiern,
doch darf den Anhalt nicht verliern.

abgestorbener Urwaldriese

In Tadapani bei strömendem Regen

Gestrüpp und Dickicht hält uns auf,
knietiefer Schlamm hemmt schnellen Lauf,
türmt einer Eiche wuchtig Stamm,
starrt mich im Blitz erleuchtet an.
Dies wilde Toben durch die Nacht
hat wohl ein Unwetter entfacht,
doch ist als wenn ein böser Geist,
an deinem müden Körper reißt.

Schimmert ein Licht durch Birkenlaub,
wird der Gedanke plötzlich laut:
Ist das nun endlich unser Ziel?
Dann ist der Rest ein Pappenstiel.
Schnaubend wie Pferde nach dem Ritt,
schwebend wie Geister ohne Tritt,
nähern wir leise uns dem Ort,
aus keinem Munde fällt ein Wort.

Dann geht der Reihe einer vor,
klopft an und steht im Korridor,
spricht mit dem Hausherrn, dieser lacht,
hat schon die Tür uns aufgemacht.
Zieht eure nassen Mäntel aus,
setzt euch ans Feuer, wärmt euch auf,
trinkt eine Tasse Tee mit mir,
für heute Nacht habt ihr Quartier.

Neugierig hatten mir die Nepalesen zugehört. Wenn sie auch nichts verstanden hatten, so nickten sie zustimmend oder lächelten, während die Wirtin mit Tee und Kaffee die Runde machte. Dann wurde mein Essen zubereitet.
„Bleiben Sie über Nacht, Sir, wir haben gemütliche Zimmer“, sagte die Frau. „Ach, ich wollte heute eigentlich nach Chomrong. Wenn es aufhört zu regnen, dann breche ich auf“, entgegnete ich. „Nach Chomrong ist es noch ein weiter Weg, da müssen Sie sich ganz schön beeilen. Bleiben Sie doch hier!“ Ich ließ mich von dem Vorschlag nicht erweichen, denn ich

wollte, so wie es geplant war, die „13“ am Heiligtum der großen Göttin vollenden und nicht einen Tag länger als nötig auf dieser Strecke bleiben.

Nach dem Essen machte ich mich wieder auf die Wanderschaft. Die Wolken hatten sich an den Berghängen abgeregnet und es klarte auf. Die Wege waren aufgeweicht und überall standen Pfützen und Wasserlachen. Trotzdem wanderte es sich gut den Berg hinunter. Ich stieg in das Tal des Kymnu Khola und erreichte das achthundert Meter tiefer gelegene Dorf Chuele, wo ich auf einer Holzbrücke den Fluss überquerte und auf der anderen Seite wieder in Schwindel erregende Höhen stieg.

Nachdem ich den letzten großen Anstieg an diesem Tag geschafft hatte, kehrte ich am Nachmittag in einem Teehaus ein. Dort kaufte ich mir eine Rolle Kekse, weil mich der Hunger plagte und es sonst nichts Besseres gab. Ein ordentliches Menü wäre mir lieber gewesen. Leider hat die Süßwarenindustrie auch schon die entlegensten Winkel des Himalayas entdeckt. Snacks, Bier- und Limonadenkonserven „schmücken“ oftmals reichlich die Vitrinen der Restaurants und Teehäuser, was nicht gerade zum ursprünglichen Flair des Pilgerweges passt. Ein größeres Angebot an naturbelassenen Lebensmitteln wäre aus Sicht der Pilger wünschenswert.

Zum Glück hat man das Problem der Abfallentsorgung einigermaßen im Griff. Man sieht in den Dörfern nicht so viel Unrat und Müll wie in den Städten.

Am frühen Abend durchquerte ich ein kleines Tal und gelangte an ein heimisches Plätzchen mit einem aufrechten Stein. In der Nähe plätscherte eine Quelle. Dort hatte jemand einen Strauß Blumen hingelegt. Ich nahm mir die Zeit zu einer Meditation, obwohl ich Grund zur Eile gehabt hätte, denn es wurde schon langsam dunkel. Das Dorf war noch nicht in Sicht und der Weg war schmal und voller steiler Abgründe.

Ich wanderte in den hereinbrechenden Abend und kam zu einer kleinen Siedlung. Eine große Schafherde versperrte mir den Weg und ich musste mich an den Tieren vorbeidrängeln.

Eines der Muttertiere stand etwas abseits, gebar gerade ein Lamm und der Hirte schaute nach ihm.
Dann marschierte ich in der Dunkelheit nach Chomrong, wo sich auf einer Klippe einige schöne Unterkünfte und Teehäuser befinden.
„Nehmen Sie das Zimmer mit dem Fenster", meinte der Wirt, „dann haben Sie morgen früh eine schöne Aussicht auf den Machapuchare." Ich schaute mir die Zimmer an und beschloss, für etwas mehr Geld das Zimmer mit der versprochenen Aussicht zu nehmen. Zwei Koreaner waren ebenfalls hier untergebracht. Einer von ihnen saß mit einer Kerze auf einem Felsen und meditierte. Nachdem ich eine leckere vegetarische Pizza zu mir genommen hatte, ging ich nach draußen und schaute in den Sternenhimmel. Es zeigte sich zwar nicht die Sichel des abnehmenden Mondes, aber dafür sah man die Silhouette des markanten Berggipfels des Machapuchare, der wie eine riesige, geheimnisvolle Gestalt in den Sternenhimmel ragte.

Große Muttergöttin! Gegangen ist dein geliebter Sohn den aufsteigenden und absteigenden Bogen trotz aller Gefahren am Tage der „11".
Mit Demut neige ich mein Haupt und küsse mit meinem Mund die Erde!
Mit Ehrfurcht schaue ich zum Himmel und senke meinen Blick in Demut vor meinem leiblichen Schöpfer!
Die Zweiheit aller Dinge durchschauend huldige ich dem Gott aller Heerscharen in tiefer Demut, der am Anfang schuf Himmel und Erde und der den Menschen schuf zu seinem Bilde.
Mit ausgebreiteten Händen und tiefster Demut umarme ich das gesamte Universum und fülle mit angerührtem Herzen, mit meinen Gedanken und Taten den Urgrund allen Seins!
Große Muttergöttin, Göttin des Überflusses! Ich bitte dich aus ganzem Herzen! Schenke mir die Gnade zu schauen und zu verstehen das Geheimnis der „11" und der großen Doppelspitze des heiligen Berges.

Gegangen ist der Geliebte am elften Tage durch Himmel und Hölle des aufsteigenden und absteigenden Bogens, auf feurigen und nassen Wegen!
Getragen haben ihn seine Füße auf dem Boden der Heiligen Mutter Erde!

Gespürt hat er die Kraft seines Schöpfers in Form des Heiligen Geistes vom Himmel!
Verbunden hat er die zwei wie oben so unten vortrefflich!
Verschmolzen hat er sein Selbst mit dem Urgrund allen Seins!

Das Geheimnis der Zahl „11" ist verbunden mit dem Geheimnis der großen Doppelspitze des Heiligen Berges!
Der Geliebte betrachte die Doppelspitze des Heiligen Berges und betrachte den Kosmos und finde durch Anschauung das Geheimnis der Zahl „11"!

Sich gegenüber werden Himmel und Erden,
doch Eins ist das Ganze und beide sind Eins,
durchdrungen vom Urgrund des Einen, des göttlichen Seins!
Geworden zu Geist waren Göttinnen, Götter!
Geworden zu Fleisch waren Söhne und Töchter!
Dem Ende ward Anfang, dem Anfang ward Sein!
Vollkommen im Kreise, im göttlichem Stein!

Der bei den Nepalesen im Volksmund als „Fischschwanz" bezeichnete Berg Machapuchare gilt den Pilgern als heilig. Er ragt mit seinem Doppelgipfel in den Himmel wie ein umgekehrter Fischschwanz, nepalesisch: Martch-ah-puh-char-èe. Der ursprüngliche, spirituelle Name aus dem Sanskrit ist leider verloren gegangen. Er soll die Zahl „11" in sich bergen.
Betrachten wir die Zahl „11" unabhängig von allen tradierten Quellen über den Heiligen Berg, so fällt sie durch ihre Doppelnatur der beiden Zahlen „1" und „1" besonders auf. Jedoch hat die erste „1" den zehnfachen Wert der zweiten. Die Zehn bedeutete für Pythagoras die Vollkommenheit, wie wir gesehen haben.
Die „0" ist ein Kreis mit einer Eiform und entspricht dem Weltenei des Schöpfungsmythos vom Berg Meru (siehe Kapitel 1), dem En-Sof der Kabbala, wo der Name des göttlichen Ursprungs unaussprechlich ist. Mit seinem Äther durchdringt er alles Lebende, alle Wesen, alle Welten, auch die Materie, auch den Stein. **Der Urgrund allen Seins ist panpsychistisch.**

Die erste „1“ der „11“, gleichbedeutend mit der „1“ der „10“, ist die erste Emanation des Urgrunds. Es ist der/ die geistig-durchdrungene, androgyne Gott-Göttin, wie er/ sie in Genesis 1 Mose 1, 27 beschrieben wird:

Gott schuf den Menschen zu seinem Bilde, zum Bilde Gottes schuf er ihn, er schuf sie als Mann und Weib.

Diese geistig-androgyne Gott/ Göttin-Emanation findet sich auch im Shivaismus, wenn Gott Shiva mit seiner Gemahlin Shakti oder Parvati dargestellt wird (siehe Kapitel 1, 2 u. 3).

Synonym ist es im Buddhismus der Bodhisattva Samantabhadra, der symbolisch in sexueller Vereinigung mit der weißen Göttin im Aspekt der Aufhebung aller Gegensätze, der Zwillingseinheit zweier ausgeglichenen Animi und Animae, dargestellt wird.

Samantabhadra in Vereinigung mit der weißen Göttin
(aufgenommen im Tempel von Ghansa)

Etwas vage lässt uns der römische Geschichtsschreiber Tacitus wissen, dass auch unsere Vorfahren, die Germanen, eine androgyne Gottheit namens Tvisto (two-isto, übersetzt: ich bin zwei) kannten. In Form von Liedern sollen sich die angeblich „barbarischen“ Germanen Schöpfungsgeschichten vorgesungen haben.

Cäsar selbst berichtet in seinen Aufzeichnungen über den Krieg gegen die Gallier von verschiedenen Germanenstämmen, die sich östlich des Rheins

gegen die Römer formierten. Dem Volksstamm der Sueben (ursprünglich beheimatet zwischen Elbe und Ostsee) fiel dabei eine besondere Rolle zu. Einer ihrer Anführer namens Ariovist (Ario[th]vist, was so viel bedeutet wie: „Ich bin der Edle-Zwei") muss wohl ein Priesterkönig gewesen sein.
Es ist kein Zufall, dass sich die Sueben (davon abgeleitet ist der Name der Schwaben) über mehrere Generationen und Jahrhunderte auf dem Gansweg, dem späteren, christlichen Jakobsweg, als einem uralten Mysterienweg befanden und am Ende ihrer Wanderung im fünften Jahrhundert n. Chr. in Galicien niederließen. Ein eingeweihter suebischer Myste wurde Gans oder Ganter genannt, welches die Erfahrung der aufsteigenden und absteigenden Kundalini (im Germanischen: die Drachenkraft) voraussetzte. Gans oder Ganter waren in den griechischen und keltischen Mysterien gleichbedeutend dem Schwan, in den römischen Mysterien dem des Adlers.
Im Zusammenhang mit den Germanen darf auch das Märchen von Nils Holgersson, das nicht etwa von Selma Lagerlöf erfunden wurde, sondern ein uralter Erzählstoff der Nordgermanen ist, gesehen werden. Die auf dem Rücken einer Gans fliegende Sagengestalt bricht mit einer Schar von dreizehn Gänsen durch alle Bewusstseinsebenen auf, um an der Schwelle zur neunten Stufe eine Verwandlung, eine Metamorphose durchzumachen.
Das ist auch der Grund, warum die von den Sueben ab der mittleren Kaiserzeit assimilierte, römische Gottheit des Jupiter mit einem neunspeichigen Rad auf Ornamenten und Jupitersäulen dargestellt wird. Jupiter ist der Erleuchtete, der in der Hand den Dreizack hält, sprich die Kundalini beherrscht, um sein Haupt die Strahlenkrone trägt und den Daseinskreislauf bis zur neunten Sphäre durchschritten hat.
Der Urstoff der Sage um Nils Holgersson schließt damit, dass die Gans dazu neunmal geritten und geschlachtet werden muss.
Von der Mythologie unserer Vorfahren zurück zur Kosmologie.

Die erste Emanation ist geistig-androgyn als vorstellbare, feinstoffliche Zentralsonne und den dazugehörigen Sphären der Glückseligkeit.
Ein Kabbalist würde mit ihr die Sphäre Azilut und die Gottheit Kether assoziieren.

Die zweite „1“ in der „11“ ist der Periode folgend eine nächste Emanation auf einer unteren Stufe, denn die Wertigkeit ist ja nur ein Zehntel der ersten „1“ der „11“.
Lässt man die erste Emanation mit der höheren Wertigkeit bei der Betrachtung der Zahl „11“ für einen Moment außer Acht, so lassen sich zwei Einsen mit Doppelnatur in der Schöpfungssphäre erkennen. Ein Kabbalist würde mit ihr die Sphäre Briah in ihren Teilaspekten Bina (weiblich) und Chockma (männlich) assoziieren.
Sie ist zum einen der Muttergöttin als auch dem demiurgischen, männlichen Schöpfergott zugeordnet, wie er in Genesis 1 Mose, 2,4 – 5 ff. beschrieben wird, wo zu lesen steht:
Es war zu der Zeit, da Gott der Herr Himmel und Erde machte …
… Da ließ Gott der Herr einen tiefen Schlaf fallen auf den Menschen, und er schlief ein. (Der Mensch verlor sein Bewusstsein vor dem Sturz in die Materie.)
… Und er nahm eine Seite (hebräisch: „Zela“, die Übersetzung „Rippe“ ist schlecht und stammt von einem unbekannten, mit Sicherheit männlichen Übersetzer) … von ihm und schloss die Stelle mit Fleisch (der aus der geistigen Welt stammende Mensch inkarnierte auf der Erde, wo ihm die stoffliche Form von Primaten zur Verfügung stand. Jetzt war der Mensch ein halb geistiges und halb stoffliches Wesen, verbunden durch den immerwährenden Lebensleib aus Äther, dem Od (von Odem = der göttliche Atem. Vgl. hierzu Kapitel 2 und 3).*
Dem demiurgischen, männlichen Schöpfergott steht dualistisch gegenüber die große Muttergöttin im Aspekt der Gebärenden allen stofflichen Lebens, denn so lässt sie den „Schauenden“ im Bezug auf die Schöpfungssphäre wissen:
Gegenüber sich werden Himmel und Erden …

* Primaten: Aus evolutionsgeschichtlicher Sicht: Vorläufer des Menschen.
Aus Sicht der substanzdualistischen Mystik: Die vorgefertigte physische Form des Menschen mit geringen Anteilen der ersten Emanation, aber starken demiurgischen Anteilen.

Ein Katholik sollte sich einmal fragen, warum er beim Ritual der Bekreuzigung (… im Namen des Vaters, des Sohnes und des Heiligen Geistes …) den weiblichen Aspekt Gottes nicht ausspricht, denn die vierte Armbewegung, das Auflegen der Finger auf die rechte Schulter entspricht exakt der weiblichen Gottheit Bina im kabbalistischen Lebensbaum, während die linke Schulter mit Chokma, dem Schöpfergott, als auch mit dem Heiligen Geist assoziiert wird.
Hier ist irgendetwas unvollkommen, oder der weibliche Aspekt wurde irgendwann einmal weggelassen.

Die großen Muttergöttinnen-Kulte hatten ihre Hochzeit bis zum Beginn der frühen Kupferzeit.
Anthropomorphe Figuren und Grabbeilagen mit Fruchtbarkeitssymbolik, die bei Ausgrabungen gefunden wurden, bestätigen diese These. Es gab zuvor keine Waffen als Grabbeilage, sondern häufiger Darstellungen weiblicher Gottheiten.
Trotz dem Einfall wilder Kriegervölker, die meistens aus Zentralasien kamen und einen männlichen Schöpferkult mitbrachten, überlebten die Ideale dieser großen Mutter-Naturreligionen im tantrischen Shivaismus einiger Völker südlich des Himalaya und weiter westlich in den dionysischen, kybelischen Mysterienkulten der Thraker, Lyder und Phryger.
Die von den letztgenannten Kulturen ausgehende Ethik wird mit Sicherheit auf Pythagoras Einfluss genommen haben, denn ihre Zentren lagen in direkter Nachbarschaft zur Insel Samos, wo Pythagoras anfangs lebte und lehrte.
In dem aus Indien kommenden, oftmals falsch verstandenen, praktischen Tantra findet sich heute noch ein Überbleibsel spiritueller Kulthandlungen der alten Mutter-Natur-Religionen. Wie hart sie im Namen der männlichen Gottheit bekämpft wurden, nicht nur mit dem Schwert, sondern auch mit dem Wort, sehen wir an einem Beispiel aus der Offenbarung der Bibel, wo ein unbekannter Verfasser, der sich auch noch dreist auf Jesus Christus beruft, und der lange Zeit für den Heiligen Apostel Johannes gehalten wurde, die Bräuche dieser ursprünglichen Religionen in Pergamon und Babylon mit scharfen Worten kritisiert und verbal angreift. (Off, 2, 12 – 17 und Off, 17, ff.).
Daraus und aus dem in den vorherigen Kapiteln zusammengetragenen Inhalt folgt:

Die zweite Emanation ist dual, unvollkommen*, werdend, an Raum und Zeit gebunden und manifestiert sich zu einem großen Teil stofflich:

- als männlicher Schöpfergott mit dem Universum (Himmel) als Leib,

- als weibliche Gottheit, Spenderin und Bewahrerin des Lebens, mit der Erde als Leib.

Diese Emanation hat gewissen Einfluss auf das Bardo, die Astralwelt und das Jenseits, und auf die sich darin befindenden, vom Demiurgen geschaffenen Dienstgeister, die die Seelen der Menschen versuchen und mit zerstörerischen Kräften ausgestattet sind.

Der Demiurg ist nicht böse, sondern ein Werkzeug des vollkommenen Allerhöchsten.

Die zweite Emanation als Ganzes ist zeitlich begrenzt und existiert nur so lange, bis sich das Universum wieder zusammengezogen hat und alle Wesen vom irdischen Daseinskreislauf erlöst sein werden.

Betrachten wir uns weiterhin die Weissagungen der großen Muttergöttin, wie sie dem „Wanderer zwischen den Welten" in jener Nacht der elften Etappe offenbart wurden.

Geworden zu Geist waren Göttinnen, Götter.

Zu der Zeit und auch später noch, als die Gottessöhne zu den Töchtern der Menschen eingingen und sie ihnen Kinder gebaren, wurden daraus die Riesen auf Erden. Das sind die Helden der Vorzeit der hochberühmten.
(1 Mose, 6,4)

Hier sind gemeint die ***Götter und Halbgötter der dritten Emanation****, die im Jenseits, in der Zwischenwelt leben. (Vergleiche dazu die Aufteilung des sechsspeichigen Rades „Bhava Chakra", Kapitel 3.) Es gibt gute und schlechte Wesen in dieser Sphäre. Es sind die gleichen, von denen Homer und Hesiod (8. Jh. v. Chr.) uns erzählen, jedoch haben die beiden griechischen Dichter hier einen mythologischen Urstoff einer uns unbekannten, aus Nordosten kommenden Kultur verwendet und bewusst verfälscht, denn sie*

* Nicht im Sinne von fehlerhaft, sondern von entstehend und noch nicht vollendet.

mussten für die damalige Aristokratie eine interessante Geschichte schreiben, in der sich der lesende Adel mit den Helden der Ilias und anderer Epen identifizierte. So verfielen die beiden Dichter mit Recht der Kritik des griechischen Gelehrten Xenophanes (565 – 470 v. Chr.), der in den alten Heldenmythen verzweifelt nach einer Ethik suchte und die ausschmückenden Beschreibungen der beiden Dichter entlarvte.
Auch in den Rig-Veden gibt es die Götter und Göttinnen der Zwischenwelt. Sie werden als Manus bezeichnet und sollen die ersten göttlichen Gesetzgeber der Menschen gewesen sein, die Opferhandlungen und religiöse Zeremonien festlegten und sich vor ewigen Zeiten mit den Menschen vermischten (vgl. hierzu den Abstammungsmythos der Germanen und Wikinger von den Mannus, in Tacitus Werk: Germania, im nordischen Erzählstoff der Rig-Spula).

Ich vermute, dass vor vielen tausend Jahren, als die Raumzeit noch nicht so weit ausgedehnt war, diese Wesen die Fähigkeit besaßen, sich von der ätherischen Welt des Jenseits aus in die stoffliche, irdische Welt zu projizieren.
Umgekehrt ist es, wenn auch sehr selten, jedenfalls möglich. Große Magier und Yogis sind in der Lage, Astralkörper und Selbst vom physischen Körper für kurze Zeit zu trennen und in einer Art verdichtetem Äther zu erscheinen. Pythagoras wurde diese Fähigkeit nachgesagt und mit Sicherheit hatte sie Jesus Christus, denn so lässt uns der Evangelist Johannes in der Heiligen Schrift in Joh., 20,11 – 17 verschlüsselt wissen:

Maria aber stand draußen vor dem Grab und weinte. Während sie weinte, schaute sie ins Grab und sah zwei Engel in weißen Gewändern sitzen, den einen da, wo der Kopf, den anderen dort, wo die Füße des Leichnams Jesu gelegen hatten.
Diese fragten sie: Warum weinst du? Sie antwortete ihnen: Sie haben meinen Herrn weggenommen und ich weiß nicht, wo sie ihn hingelegt haben. Und als sie das gesagt hatte, wandte sie sich um und sah Jesus stehen und wusste nicht, dass es Jesus war.

Da sagte Jesus zu ihr: Warum weinst du? Wen suchst du? Sie meinte, es wäre der Gärtner, und sagte zu ihm: Herr, hast du ihn weggetragen, so sage mir, wo du ihn hingelegt hast, dann will ich ihn holen.*
Da sagte Jesus zu ihr: Maria! Sie wandte sich um und sagte zu ihm auf hebräisch: Rabbuni! Das heißt Meister!
Da sagte Jesus zu ihr: Rühr mich nicht an, denn ich bin noch nicht zu meinem Vater aufgefahren …

Wollen wir die Obertöne dieses kryptischen Textes heraushören und mit kritischem Verstand und Intuition versuchen, den tieferen Sinn zu deuten, denn ähnlich wie bei der biblischen Geschichte vom Berg Sinai (Kapitel 1) handelt es sich hier um eine verschlüsselte Botschaft des Verfassers, namentlich des Heiligen Apostels Johannes:
Maria erblickte in der Schau (… wandte sie sich um) den ätherischen Leib Jesu in seinen Regenbogenfarben (… es wäre der Gärtner). Dann rief sie ihn kontemplativ an (… Rabbuni!) und der Meister verdichtete seinen ätherischen Körper so stark, dass er physisch erschien.
Es handelt sich hier meiner Meinung nach um ein klassisches Beispiel einer Epiphanie, wie sie aus antiken Mysterienkulten und Erzählungen bekannt sind. Hätte Maria Jesus berührt, so wäre die Erscheinung zurückgewichen. Deshalb sagte Jesus zu ihr: „Rühr mich nicht an!"

Kehren wir zurück zu den Weissagungen der großen Muttergöttin, wie sie dem „Wanderer zwischen den Welten" in jener Nacht der 11. Etappe weiterhin offenbart wurden.

Geworden zu Fleisch waren Söhne und Töchter!

Wir haben in Kapitel 9 gesehen, dass ein Mensch, der auf Erden die Erleuchtung erlangt hat und nach seinem letzten leiblichen Tod im Vorhof zum Empyreum steht, aus freiem Willen entscheiden kann, ob er für immer in höhere Sphären eingehen oder ob er als Bodhisatva wiederkehren will, um den Menschen zu helfen und den göttlichen Plan von der Erlösung aller Seelen mit zu verwirklichen.

---

* Vgl. hierzu die Legende des Hl. Adalbert, dem Schutzpatron der Gärtner.

Auch Jesus Christus war ein Bodhisatva, und zwar auf dem Topos der Evolution des derzeitigen Menschengeschlechts, am Beginn des zehnten Zeitalters des jetzigen platonischen Weltenjahres. Wenn Jesus uns lehrte zu beten: Vater unser im Himmel … ist hier die erste Emanation gemeint und nicht der unvollkommene Demiurg. Wir dürfen nicht vergessen, dass Jesus Jude war und das Wort Gottes einfachen Menschen im Volk verkündete. Seine Botschaft war: Die vollkommene Nächstenliebe und die Basileia tu theu, der Versuch der Umsetzung archaischer Grundtypen vom Himmel auf die Erde. Im Hinblick auf eine oft diskutierte Wiederkunft Christi darf nach 2000 Jahren davon ausgegangen werden, dass Jesus Christus nicht mehr physisch inkarnieren wird, sondern, mit der Macht der ersten Emanation ausgestattet, den Heiligen Geist über die Schöpfungssphäre ausgießt und dass er, wenn wir den Daseinskreislauf durchbrochen haben, als Kosmischer Christus mit seinem Lichtkörper real erscheinen wird.* **Dieser Kosmische Christus ist bedingt wesensgleich mit der ersten Emanation, aber leibhaftig in seinem Lichtkörper.** *Auch er lässt sich in der Zahl „11" erkennen. Er steht mit der ersten Eins über dem Demiurgen und der Muttergöttin und mit der zweiten Eins unter der ersten Emanation der Zentralsonne. Er ist in seinem Wesen gleich mit der geistig-androgyn durchdrungenen Gott/Göttin bis auf die Wertigkeit und seinem bedingt andersgearteten Lichtkörper, weil er im Gegensatz zu Gott, als Mensch Jesus, nach der Jordantaufe zum Messias, nach der Himmelfahrt zum Kosmischen Christus, den Daseinskreislauf durchschritten hat.*

---

* Vgl. hierzu: „Die Geheimschrift des Johannes" aus den gnostischen Schriften von Nag Hamadi.

Der Kreis schließt sich

12. Etappe: Chomrong – Deurali

In der Nacht waren vor meinem Fenster zwei Fledermäuse herumgeflattert. Stattliche Kerle. Ich vernahm sie während der Meditation, weil der Schein einer Straßenlaterne die Nacht erhellte. Ich ließ mich aber von meinen Übungen nicht ablenken. Wie vom Wirt angedeutet, zeigte sich am Morgen der Machapuchare in seiner ganzen Schönheit. Nach der Morgenwäsche öffnete ich das Fenster, ließ die klare und frische Luft des anbrechenden Tages hereinströmen und begab mich beim Anblick des Heiligen Berges mit Freude in die Morgenmeditation.
Wieder auf dem Pilgerweg ging es ziemlich steil einen gepflasterten Weg hinunter. Chomrong zieht sich als Straßendorf fast zwei Kilometer entlang dieses Weges. An einem Geschäft hielt ich an, denn ein Schild mit der Aufschrift „German Bakery" machte neugierig.
Ich kaufte mir ein Kaffeestückchen und ließ es mir auf einer Mauer sitzend schmecken. Mit dem Geschmack eines Stückchens Heimat auf der Zunge dachte ich an zu Hause und es kamen mir einige wehmütige Gedanken in den Sinn. Ich verließ den Ort über eine Holzbrücke und überquerte den Flusslauf des Modi Khola. Eine Sperre verhindert hier, dass die Mulis das Naturschutzgebiet der großen Muttergöttin betreten. Es ist auch nicht erlaubt, im Nationalpark Feuer zu machen oder ein Zelt aufzuschlagen. Doch gibt es genügend Unterkünfte und bewirtete Berghütten, so dass keiner Angst haben muss, hier verloren zu gehen. Der Weg führt ohne Abzweige durch das steile Tal, und Maoisten sollen am Naturheiligtum der großen Muttergöttin auch noch nicht gesehen worden sein, so erzählte man mir.
Ich kam durch einen Wald und vernahm wieder diesen seltsamen Vogelruf, der mich wie der Ton eines Senders begleitete. Ein gutes Omen.
An einem Haus in einer kleinen Ansiedlung blickte ich durch ein Fenster und sah an einer Wand ein altes, von Motten

durchlöchertes Tuch mit dem sechsspeichigen Rad des Lebens hängen, dem Bhava Chakra (siehe Kapitel 3). Aber irgendetwas stimmte nicht mit den Symbolen in der Radnabe. Der Hahn war nicht ein Hahn, sondern ein Schwan, das Schwein war nicht ein Schwein, sondern ein Eber, die Schlange war nicht böse, sondern ringelte sich um einen Stab. Nachdenklich ging ich weiter, bis es mir wie Schuppen von den Augen fiel.

Mit dem Begehen des Heiligtums der großen Muttergöttin betrat ich eine Region, in der sich die ursprünglichen Bräuche wie Lingam- und Vulva-Kulte und die Ursprünglichkeit der Symbole alter Religionen noch erhalten hatten. Da der Buddhismus auf den Brahmanismus und die als Naturreligion betrachtete Bönkultur folgte, bediente man sich der Motive der bereits vorhandenen Speichenräder dieser und anderer Kulturen, deutete aber die Symbole im buddhistischen Sinne um.

Und weil der Buddhismus eine auf das Diesseits gerichtete pessimistische Einstellung vertrat, bekamen auch die Symbole eine negative Bedeutung (siehe Kapitel 3).

Bei den Sumerern und Kelten war der Eber ein Symbol für Willensstärke und Körperkraft.

In den westlichen Mysterienkulten bis hin zu den irischen Wandermönchen war der Schwan das Symbol des Seelenvogels, gleichbedeutend der Wildgans „Hamsa“ der indoeuropäischen Brahmanen, gleichbedeutend dem Vogel Garuda, den Vishnu zu seinem Reittier macht.

Im Shivaismus ist die Schlange, die sich um den Stab windet, die Erkenntnisbringerin und Symbol der aufsteigenden Kundalini, der Lebens- und Erleuchtungskraft, ähnlich wie in den Mysterienkulten der Antike Äskulap und Merkurstab (vgl. hierzu Ausführungen in meinem Buch „Auf dem Jakobsweg“).

Und auch der Hahn hatte nie etwas mit Wolllust und Gier zu tun, sondern war noch bei den Mönchen der irischen Kirche das klassische archaische Symbol für den Ruf aus der göttlichen Welt der Ideen, der den Menschen im Schlaf erweckte. Deshalb thront er über dem Kreuz, dem Symbol *der Leiden Christi, auf fast jeder christlichen Kirche nordwestlich der Alpen.**

Die Anschauungen über die Schlange geben uns die Möglichkeit, den zweiten Schöpfungsbericht der Genesis, wo vom angeblichen Sündenfall und der listigen Schlange die Rede ist, mit ganz neuen Augen zu betrachten. Wir wissen nichts Genaues über die Ursprünge dieses Mythos. Einige Spuren führen zu den Sumerern, jedoch dürfte der unbekannte Verfasser meiner Meinung nach verschiedene Quellen verwendet haben, denn siehe da, mitten im Sündenfall findet sich ganz plötzlich ein positives Prädikat als Hinweis auf die Erkenntnis durch die Schlange.

1 Mose, Gen. 3, 6: „… Und das Weib sah, dass von dem Baum gut zu essen wäre und dass er eine Lust für die Augen wäre und verlockend, weil er **klug** *machte …"*

Folgt der Leser nun den Betrachtungen dessen, was über die zweite Emanation gesagt worden ist, dass der Demiurg nicht böse, sondern unvollkommen ist, so ist auch Lucifer, wörtlich übersetzt: **der Lichtbringer,** *nicht böse, sondern höchstens der Versucher.* **Die Versuchung ist aber notwendig, um den Menschen das Maß der Lust zu lehren.**
Es lohnt sich in der Genesis noch ein bisschen weiter zu lesen und zu versuchen, weitere Obertöne herauszuhören:

„Da wurden ihnen beiden die Augen aufgetan, und sie wurden gewahr, dass sie nackt waren, und sie flochten Feigenblätter zusammen und machten sich Schürze."

---

* Die frühe irische Kirche war eine Initiationskirche ohne strenge Hierarchie, also auch ohne Papst. Sie stand in Konkurrenz zur römischen Kirche. Nach dem Konzil zu Wittby, 664 n. Chr., wurden die Iro-Schotten als häretisch betrachtet und unter anderem durch die sehr zweideutige Mission des romhörigen „Heiligen" Bonifatius vertrieben.

Dies ist eine deutliche Anspielung auf die Sexualität und das Schamgefühl des Menschen. Ob es so etwas wie ein natürliches Schamgefühl gibt, war philosophisch lange Zeit umstritten.
Faktum ist, dass Kleinkinder vor der Pubertät in der Regel keine Scham zeigen, ebenso auch Erwachsene in den heutigen, noch selten existierenden Naturvölkern nicht. In der Tradition des tantrischen Shivaismus und der alten Muttergottkulte war die Sexualität eingebunden in die kosmische Ordnung. Man betrachtete den Menstruationszyklus der Frau und verglich die Spanne der Zeit mit der Dauer der Mondphasen und leitete daraus natürliche Verhütungsmethoden ab. Die Einführung in sexuelle Praktiken und Liebesspiel oblag der Frau, was den Adel anbelangt, der Priesterin.
Daraus lässt sich aber nicht ableiten, dass die Frau über den Mann herrschte, denn der war ihr körperlich auch schon damals überlegen. Vielmehr ging daraus das Edelste hervor, was sich bis heute im praktischen Tantra erhalten hat. Das Aufheben aller Gegensätze der beiden Animi und Animae, wenn es zwischen Mann und Frau geistig und körperlich harmoniert.
Mit den Einfällen der aus dem Osten kommenden Reitervölker, die das Symbol des Lingam und einen Glauben an einen männlichen Schöpfergott mitbrachten und ihren Toten das Schwert ins Grab legten, wurde die Frau mehr und mehr als Lustobjekt betrachtet und genommen bzw. zur Gebärerin der Nachkommen degradiert. Die Kultstätten der Muttergottheiten wurden geschliffen, ihre Priesterinnen vergewaltigt. Wie bitter notwendig es war, zum Schutz der Frau irgendwann die Ehe einzuführen, sehen wir bei Mose 2, 20, im Dekalog der zehn Gebote und an den Textstellen in der Bibel, wo von Scheidebriefen zum Schutz von Witwen und Geschiedenen die Rede ist. Aber müssen wir deshalb aus den zehn Geboten zwangsläufig ableiten, dass die Ehe archaischen Ursprungs ist? Mitnichten, denn aus den Erkenntnissen der Reinkarnationsforschung wissen wir, dass wir alle schon viele verschiedene Partner in vorherigen Leben hatten und dass das Geschlecht des physischen Körpers manchmal wechselt, je nachdem, ob männliche oder weibliche Wesenszüge dominieren. Das macht aus Sicht der Evolution auch Sinn, denn wir lernen vielseitiger und werden umso besser und schneller praktizierende Lichtarbeiter für die wahre und universelle Liebe in unserem zukünftigen, feinstofflichen Kausalkörper der höheren Welt.

In einer zukünftigen Welt der Arché muss es möglich sein, dass, in gegenseitigem Einvernehmen, jeder jeden lieben darf, nicht nur universell mental, sondern auch energetisch – individuell von Wesen zu Wesen über das Magnetfeld der Aura. Diese energetische Aura-Liebe, wie sie Platon in einem Dialog zwischen Sokrates und Phaidros verschleiert beschrieben hat, ist erotischer Natur und über den feinstofflichen Körper fühlbar. In einer vollkommenen Welt in Anlehnung an die Arché darf es keine Begrenzungen geben. Ehe bedeutet Dualität und gehört in den irdischen Daseinskreislauf. In dem Bereich der Familie mag sie hier eine gewisse Berechtigung haben, weil wir Verantwortung für andere, insbesondere für unsere Kinder, übernehmen müssen.

Kehren wir zurück zu oben besagter Textstelle in der Genesis. Ich unterstelle dem unbekannten Verfasser, dass er Gott in den Mund legt, Sexualität sei etwas Schlechtes und dass die Frau den Mann verführt hat. Die Natur belehrt uns da eines Besseren. Der Sexualtrieb und die Lust zur Verführung sind beim Mann stärker ausgeprägt. Auch im Tierreich geht das Werben um den Partner von den Männchen aus. Hätten wir keine Triebe, wir könnten gar nicht existieren. Deshalb ist es besser, den Tiger an die Kette zu legen, als den Stier zu töten (siehe Kapitel 3), sprich: die Triebseele zu kultivieren.

Und wenn jemand behauptet, dass Sexualität etwas Schlechtes ist, dann würde das ja bedeuten, dass daraus Schlechtes entspringt, nämlich unsere Kinder.

Meiner Meinung nach hat der gesamte Text 1 Mose 3 sehr starke demiurgische Elemente. Er zielt auf die Rechtfertigung der Unterdrückung der Frau und weist ihr die Schuld an der Erbsünde zu. Die Sexualität wird verteufelt und aus der Schlange als altes Symbol der Erkenntnis wird ein Symbol des Bösen. An einen solchen Gott mag glauben wer will, er wird nicht glücklich werden, aber im Daseinskreislauf gewiss noch eine oder mehrere Runden drehen, bis er erkennt, wo der wahre Gott zu suchen ist.

Es wäre nun falsch, jene Menschen, die aus Gründen der Spiritualität das Zölibat oder Enthaltsamkeit freiwillig auf sich genommen haben, zu verurteilen, oder Menschen, die asexuell empfinden, als nicht normal zu bezeichnen. In der zukünftigen Welt der Arché wird sehr wohl Raum sein für alle Tugenden. Die Zimmer des Hauses meines „Vaters“ haben viele

Namen. Sie heißen: Toleranz, Frieden, Zärtlichkeit, Nächstenliebe, Freude, Lobpreis, Demut und vieles mehr. Wie sagte einst der Prediger Salomon: Alles hat seine Zeit!
Doch wenn wir auf unserem irdischen Werdegang erkennen, dass die Zeit, die Ernte einzufahren, bald gekommen ist, und wenn wir die Zeichen und Phänomene, die sich uns aus der Arché in der Meditation offenbaren, von den Täuschungen zu unterscheiden wissen, dann sollten wir auch wissen, was groß geschrieben über dem Türportal des Hauses unseres geliebten „Vaters" im Himmel geschrieben steht: ***„Uneigennützigkeit"!****

In der Mittagszeit hielt ich an einem Teehaus an und gönnte mir eine Ruhepause. „Was gibt es bei Ihnen zu essen?", fragte ich den Wirt. Er holte eine abgegriffene, zerfledderte Speisekarte und sagte mir gleich, was er alles *nicht* hatte. Ich bestellte mir daraufhin das einzige, übrig gebliebene, traditionelle Dhaal bhaat (Reis mit Gemüse) und eine Kartoffelsuppe mit Knoblauch, weil der Wirt meinte, dass er frischen Knoblauch aus seinem Garten anbieten könne. Nach dem Essen kaufte ich ihm noch ein Stück Yak-Käse ab und dann machte ich mich wieder auf den Weg. Der Pilgerpfad führte kontinuierlich berghoch, am linken Ufer des Modi Khola entlang. Es war nicht viel Betrieb auf diesem Abschnitt, nur selten begegnete ich jemandem. An einer kleinen Holzbrücke, die über einen Bach führte, kam mir überraschend Thomer aus Israel entgegen. Ich versteckte mich schnell, dann machte ich heimlich ein Foto von ihm. „Hallo Thomer", rief ich ihm entgegen, als ich mich hinter einem Dornbusch erhob. „Wie geht's?" – „Oh Mann, nett dich noch mal zu treffen, gut und dir?" – „Bestens, sag mal, wie ist es da oben am Heiligtum? Erzähl!" – „Grandios, einfach grandios!" – „Und der Tempel?" – „Was meinst du? Da gibt es keinen Tempel, nur einen kleinen Stupa", sagte Thomer. Ich war überrascht und entgegnete: „Wie bitte? Ich dachte es gibt

---

* Der Begriff *Selbstlosigkeit* wurde in Bezug auf das, was über das Selbst des Menschen gesagt wurde, hier bewusst vermieden, denn der Autor ist, um es noch mal deutlich zu sagen, der Meinung, dass man Selbst und Individualität nicht zwangsläufig aufgeben muss, wenn man in eine höhere Welt eingehen wird.

dort einen Tempel?“ – „Nein! Weißt du“, sagte Thomer, „die große Muttergöttin selbst ist der Tempel. Du sitzt in ihrem Schoß und genießt den Anblick der achttausend Meter hohen Berge um dich herum. Rechts hast du den Machapuchare, in der Ferne vor dir den Annapurna I, schräg rüber den Baraha Shikhar und im Rücken den Hauptgipfel des Annapurna. Oh Mann! Ich sage dir, es ist traumhaft!“ – „Ach so“, sagte ich und begriff, dass ich mit völlig falschen Erwartungen unterwegs gewesen war. „Hast du noch diese kleine Geige?“, fragte Thomer. „Ja“, sagte ich, „aber ich konnte nicht mehr üben, denn das Kolofonium am Bogen war alle, verstehst du?“ – „Es hat mir gefallen, wie du darauf gespielt hast“, meinte er. „Ich überlegte schon, ob ich mir nicht auch ein solch hübsches Instrument zulegen sollte. Ist es schwer, darauf zu spielen?“, fragte er. „Ja“, entgegnete ich, „es ist nicht einfach, die Töne zu finden, weil das Instrument so klein ist und weil die Töne unsichtbar sind“, fügte ich noch scherzend hinzu.
„Aber weißt du was? Wenn du es schaffst, die dreizehn Töne der Tonleiter zu finden, dann hast du die Chance, in diesem Leben ein richtig guter Musiker zu werden. Du musst nur üben! Übung macht den Meister, sagt man bei uns.“ – „Das ist wahr!“, stimmte Thomer nachdenklich zu und nickte. Wir wünschten uns gegenseitig eine gute Reise und dann verabschiedeten wir uns an dieser kleinen Brücke in der einsamen Bergwelt des Himalayas.
Finde das Omega durch die Krümmung des Raumes! Diese Worte, wie sie mir in der Meditation auf der siebenten Etappe geweissagt wurden, gaben mir ein Rätsel auf. Ich arbeitete mental daran, die Lösung zu finden, was damit gemeint sein könnte, aber noch hatte der Kreis mit der „12“ sich nicht geschlossen, deshalb konnte ich es kaum erwarten, bis ich abends wieder in meinem Quartier und in meiner Lodge sein würde, zum Beten und zum Meditieren.
Kurz nachdem mir Thomer begegnet war, kam ich in einen mystisch anmutenden Wald. Ein Schild mahnte dazu, keinen Schmutz und Unrat zu hinterlassen und verwies darauf, dass der Ort, an dem ich mich befand, heilig sei. Auf dem Schild

stand auch etwas von einem Tempel. Erwartungsvoll wanderte ich durch diesen dschungelähnlichen Wald, während der geheimnisvolle Ton des unbekannten Vogels mich begleitete. Das Tal wurde immer enger. In der Tiefe rauschten die Gischt aufschäumenden Fluten des Flusses, begleitet von dem tosenden Geräusch eines Wasserfalls. Dann entdeckte ich den kleinen etwa drei Meter hohen unscheinbaren Tempel. Es war kein Stupa und auch kein Chörten, wenn auch Gebetsfahnen ihn von außen schmückten. In seinem Innern waren zu meiner Überraschung keine Heiligenfiguren buddhistischer oder hinduistischer Prägung, noch sonst irgend ein Merkmal dieser Religionen, sondern aus einfachen Kieselsteinen geformte anthropomorphe Figürchen, Lingams, und vor allem kugelige Steine, Brüste und Hüften imitierend.
„Wie vor tausenden von Jahren", sagte ich sprachlos vor mich hin.*
Dass diese uralten Kulte hier noch lebendig sind, hätte ich nicht erwartet. Noch etwas Besonderes fiel mir auf: und zwar die Lage dieses Tempels. Er befand sich buchstäblich an der engsten Stelle des Tales, hatte anscheinend eine Wächterfunktion. Es war klar, was das zu bedeuten hatte. Ich war im Begriff, die äußere Grenze der Vulva der großen Muttergöttin Annapurna im nächsten Moment zu überschreiten. Voller Ehrfurcht ging ich am Wegesrand in die Meditation.

---

* Eine der ältesten bekannten Muttergöttinnenplastik soll die „Venus von Willendorf" in Österreich sein. Eine Hochkultur dieser kleinen Figürchen ist feststellbar ab der PPN**-Phase, etwa 9000 v. Chr. bis zur Bronzezeit. Sie hatte ihren Ausgangspunkt im bereits erwähnten fruchtbaren Halbmond.

** PPN: Archäologischer Fachbegriff: *Pre-Pottery-Neolithic (vorkreamisch-neolithisch)*

Wächtertempel an der engsten Stelle des Tales

Wasserfall mit Felskonturen

Eine verfallene Einsiedelei, die die Einheimischen
das Geisterhaus nennen

Hinter einer Schneelawine mit Altschnee liegt Deurali

Große Göttin des Überflusses!
Lang war der Weg deines geliebten Sohnes
über hohe Berge und durch tiefe Schluchten.
Entfesselt hat dein geliebter Sohn die Kraft der Schlange
vom Urgrund allen Seins.
Geritten ist er Hamsa, die Wildgans,
auf dem aufsteigenden und absteigenden Bogen.
Als wahrer und aufrechter Sucher
kommt er zu dir und bittet demütig um Einlass.
Ich bitte dich aus ganzem Herzen!
Heiße deinen verlorenen Sohn willkommen.

So betete ich leise vor mich hin und schrieb diese Verse auf ein Stück Papier, zündete es an und ließ Worte und Asche mit dem Wind davontreiben, dorthin wo die große Göttin des Überflusses in ihrem Heiligtum auf den „Wanderer zwischen den Welten“ wartete.

Nach einer Weile kam ich an einer verlassenen Einsiedelei vorbei. Niemand lebte hier. Wie ich später erfahren habe, nennen die Leute den Ort „das Geisterhaus“. Vor langer Zeit sollen Mönche hier gelebt haben. Ein Fußmarsch von einer halben Stunde brachte mich von diesem gespenstischen Platz endlich nach Deurali, der letzten Bergstation vor dem Annapurna-Basislager. Es war ziemlich kalt dort oben. In der Lodge brannte aber ein Gasofen und eine Petromax erhellte die Küche, wo alle versammelten waren. Es gibt keinen elektrischen Strom in dieser Gegend. Die Herbergsleute spielten gerade Karten und am Tisch saßen zwei Bergsteiger aus Italien. Ich war gedanklich mit mir selbst beschäftigt und hatte keinen Sinn für einen Small Talk, deshalb zog ich mich schon bald auf mein Zimmer zurück. Es war frisch und klamm in der kleinen Stube. Ich zündete eine Kerze an, hüllte mich in eine Decke ein und ging meinen meditativen Übungen nach. Ich war gespannt, von welchen Wundern der Schöpfung die große Göttin mir diesmal erzählen würde.

Große Muttergöttin! Göttin des Überflusses!
Betreten mit Ehrfurcht und Demut hat der Geliebte die Vulva der Mutter Erde!
Dem Brauch folgend ist er gegangen den Weg der Spirale!
Den Göttern huldigend ist er gekommen im Schweiße seines Angesichts!
Zurückgelassen hat er die Last der Vergangenheit!
Zu Ehren des Höchsten, des geliebten aller Höchsten hat er gesummt sein Mantra!
Gepriesen hat er des Schöpfers aller Welten und aller Götter im Glanz seiner Herrlichkeit!
Große Muttergöttin! Ich bitte dich aus ganzem Herzen um die Gnade von Weisheit und um Erkenntnis über das Rad der Vollkommenheit und das Geheimnis der Zahl „12"!

Nicht lange wird sein in Unkenntnis der geliebte, verlorene Sohn!
Denn Wohlgefallen hat er gefunden in den Augen des geliebten Allerhöchsten!
Erfassen wird er noch heute das gesamte Universum!
Denn so wie es der Brauch verlangt, ist er gegangen die Spirale!

Gelöscht hat er in Muktinath mit der „7" das Karma!
Verbunden hat er vortrefflich wie oben so unten die „8"!
Den Lichtkreis züngelnder Flammen geschaut im Vorhof der „9"!
Verstanden mit Einsicht die Vollkommenheit der „10"!
Durchschaut hat er die Sphären der „11"!
Vollenden wird er durch Krümmung des Raumes die „12"!

Vollenden wird er durch Krümmung des Raumes …
Vollenden wird er durch Krümmung …
Vollenden wird er!
Vollenden!

Die „12" ist sowohl die Zahl der Stunden eines Tages als auch der 12 Monate eines Jahres. Zwölfspeichige Räder symbolisierten ursprünglich immer den Tierkreis oder ein mikrokosmisches Abbild dessen.
Die Sternbilder des Tierkreises liegen auf der Ekliptik, der von der Sonne scheinbar durchlaufenen Bahn im Laufe eines Jahres. Die alten Thing-

plätze der Germanen und Kelten, wie sie rekonstruiert zum Beispiel in Rodenbach (Rheinland Pfalz) zu sehen sind, bestanden aus dem Zwölferkreis. In der Mitte saß der Oberdruide als dreizehnte und wichtigste Person. Die Maßeinheit des „Dutzend" ist eine Kombination aus zwei lateinischen Zahlwörtern, nämlich duo und decem, und dem deutschen Wort Ende. Ein Dutzend meint also: **Zwei und zehn und Ende!** *Wie vorzüglich schließt sich hier der Kreis in Bezug auf das, was über die Zahl „10" mit Blick auf die Zahl „12" gesagt worden ist.*
Die „12" ist die Zahl der Zeit, des gekrümmten Raumes und des vollendeten Kreises.

Nach Albert Einsteins allgemeiner Relativitätstheorie führt im Universum ein massereicher Körper zu einer Krümmung der Raumzeit. Einsteins berühmteste Formel lautet $E = mc^2$. Masse und Energie sind damit umwandelbar. Was für den Laien oft schwer verständlich erscheint, ist in der modernen Physik durch Experimente bewiesen worden. In den Laboratorien der Forschungszentren wird mit Hilfe von Teilchenbeschleunigern aus Bewegungsenergie Materie erzeugt.
Die Masse eines Körpers ist somit nicht konstant, wie man früher glaubte. Gibt ein Körper Energie ab, so verkleinert sich seine Masse, wird einem Körper Energie zugeführt, so nimmt die Masse zu.
Seitdem diese physikalischen Gesetze im Labor erfolgreich angewendet worden sind, träumen Physiker und Astronomen von Zeitreisen durch die Galaxien, denn durch die Krümmung des Raumes mittels Energie oder Masse könnte man theoretisch weit entfernte Sterne und Planeten näher heranholen und die Reisezeit verkürzen. Doch dieser Menschheitstraum wird auf lange Zeit Utopie bleiben, denn woher wollte man solche immense Massen oder Energien in der Größenordnung einer Sonne oder eines Planeten herholen?
Aber da haben die Wissenschaftler schon wieder neue Ideen. Sie reden vom Erzeugen von Antimaterie. Was das ist, werden sie uns an Hand von neuen Experimenten und Projekten dann irgendwann erklären. Leider kosten diese ganzen Forschungsexperimente die Bürger eines Staates sehr viel Geld. Vielleicht gibt es im physischen Universum gar nicht so viel zu entdecken, wie manche glauben. Eine Meditation dagegen kostet gar nichts. Der Widerspruch ist sogar noch grotesker, wenn man bedenkt, dass ein fortgeschrittener Yogi sich nicht lange auf der relativ uninteressan-

ten, physischen Ebene aufhalten wird, sondern die Kommunikation mit höheren geistigen Wesen aus feinstofflicheren Welten anstreben wird. Die Fähigkeit, den Raum zu krümmen, ist seit Jahrtausenden das tiefste Geheimnis meditierender Menschen vieler alter Kulturen, der Druiden und Sternenmagiere, der Yogis, Schamanen und Mystiker auf der ganzen Welt. Es ist das kosmische Geheimnis vom Anfang und vom Ende einer Welt. Es ist das Geheimnis des Bügels von Muktinat und den 108 Wasserspeiern, das Geheimnis der keltischen Torques und bestimmter Gewandfibeln, mit dem Fünfstern als Symbol des vollkommenen Menschen. Es ist das Geheimnis jahrtausender alter anthropomorpher, weiblicher Figuren, die in besonderer Weise Hüften und Brüste darstellen (Steatopygie**), die mit Fruchtbarkeitsdarstellungen*** nichts zu tun haben.*

Die letzten irischen Wandermönche in unserem Kulturkreis wurden mitunter deshalb so massiv bekämpft, weil das Geheimnis um die Krümmung des Raumes Teil der Initiation des Schülers war. Aus der vorchristlichen Druidentradition entsprungen, war es nur dem fortgeschrittenen Barden und Sänger zugänglich. Die iro-schottischen Wandermönche führten es stolz in ihrem Wanderstab mit sich, das Symbol des gekrümmten Schwanenhalses. Ich zähle diese Beispiele auf, damit wir sehen, wie archaisch die Phänomene, die wir in der Meditation erleben, allein schon im Mikrokosmos sind und sie gelten gemäß den unumstößlichen hermetischen Gesetzen selbstverständlich für den Rest des Universums. Wir begreifen sie

---

* Vgl. z. B. den Mythos der Parsen von der Cînva-Brücke

** Steatopygie: Archäologischer Fachbegriff für beschriebenes Phänomen in der gesamten neolithischen Epoche

*** Ähnliches gilt für ithyphallische Symbole an männlichen Statuetten oder Darstellungen. Sie haben mit Fruchtbarkeitssymbolik, wie viele Archäologen jahrzehntelang glaubten, meistens nichts zu tun, sondern beziehen sich auf die zur aufsteigenden Kundalini transformierte Sexualenergie. Wo hier in den Darstellungen die feinen Unterschiede zur Fruchtbarkeitssymbolik liegen, sieht ein geschulter und erfahrener Mystiker auf einen Blick, doch kann im Rahmen dieser Abhandlung des Umfangs wegen nicht näher darauf eingegangen werden.

am besten, wenn wir sie an der eigenen Seele und dem ätherischen Körper erfahren.

Masse steht dem Yogi in der Meditation nicht zur Verfügung, dafür aber Energie in Form von Prana, des männlichen, elektrischen Ods, welches er von seinem Gott erbittet, und der weiblichen, magnetischen Kraft der Shakti – Kundalini, die er stimuliert und erweckt. Mit Hilfe des Atems zieht er die Kundalini durch den Mittelkanal der Susumna hoch, bis sie sich in Höhe des dritten Auges mit der göttlichen Energie des Heiligen Geistes vereinigt. Er sammelt und staut die Energie beider Teile und entfesselt die beiden Nebenkräfte Ida (weiblich) und Pingala (männlich) vom tiefsten Punkt seines Ätherleibes, dem Bereich der Kanda. Nachdem er sich in den aufsteigenden und absteigenden Bogen eingeschwungen hat, beginnt er durch äußerste Konzentration sich auf einen winzigen Punkt zu konzentrieren und den Astralleib Kraft seines Willens zu komprimieren. Sobald er seinen Geist in einem einzigen Atom gesammelt hat, wandert er über einen ätherischen Bügel zur nächst höheren Seinsebene und krümmt die Raumzeit.

Erinnern wir uns, was wir bei der Betrachtung fernöstlicher Kosmologie über den Berg Meru in Kapitel 1 herausgefunden haben.

Der gesamte Kosmos ist bildlich betrachtet eine Kugel. Wie ist ihr Aufbau? Die äußerste Schale ist das physische Universum, hier dreht sich die Zeit schneller als innen. In den sieben feinstofflichen Welten des Jenseits vergeht die Zeit stufenweise etwas langsamer. Darauf folgen die noch feinstofflicheren Sphären und Welten des Paradieses neun bis zwölf und das Gebiet der von den Pythagoreern immer wieder erwähnten Gegenerde und das Land der Hyperboreer, als ein himmlischer Ort, wo der zukünftige Mensch seine Wohnung haben wird. Hier verrinnt die Zeit noch langsamer.*

---

* Vgl. hierzu: Platon, Phaidon 109 A Stichwort: „die Erde selbst“

Bei den alten Griechen gab es zwei verschiedene Substantive für das Wörtchen „Zeit". Erstens Chronos, die fortlaufende, verschlingende Zeit in Anspielung an den mit demiurgischen Eigenschaften beschriebenen Zeusvater Kronos*, und zweitens Kairos, was als der günstigste Zeitpunkt verstanden wurde. Dieser ist die dreizehnte Sphäre, liegt exakt im Innersten der Kugel, ist so groß wie ein Nadelöhr und kann als Aspekt des Urgrunds allen Seins verstanden werden. Hier steht die Zeit buchstäblich still.*

*Reneé Descartes** Betrachtungen von der Res cogitans, der denkenden Substanz, und der Res extensa, der ausgedehnten Substanz, ist im Ansatz richtig, nur muss man hinzufügen, dass die Übergänge von der einen „Res" zur anderen „stufenweise und fließend***" sind und weil die Seele eines Wesens immer an einen Körper gebunden ist, wie Leibniz**** in seiner Monadenlehre richtig erkannte. Es darf ergänzt werden: Mit einer einzigen Ausnahme: „Dem Urgrund allen Seins", der zugleich ein winziges Nadelöhr ist, der zugleich das gesamte Universum, der Teil der verschiedenen göttlichen Emanationen, der Teil des Menschen und aller anderen Lebewesen, und sogar Teil der Materie ist, eben panpsychistisch.*

---

* Vgl. hierzu das Relief des löwenköpfigen Chronos – Saturn, der in der Pose eines Wächters auf der Weltkugel steht, z. B. im Museo Torlonia, Rom.

** Reneé Descartes (1506 – 1650), Begründer der neuzeitlichen Philosophie

*** *Stufenweise* durch den leiblichen Tod, *fließend* durch den sich verfeinernden Äther

**** Gottfried Wilhelm Leibniz (1646 – 1716), Universalgelehrter, die für unsere Betrachtungen wichtigsten Werke sind: *Monadologie; Abhandlung über den menschlichen Verstand*

Im Schoß der großen Muttergöttin

13. und letzte Etappe: Deurali – Annapurna-Heiligtum

Ich hatte lange meditiert und wenig geschlafen in dieser Nacht, denn die schönsten Momente im Leben sind die geistigen Erkenntnisse kosmischer Wahrheiten und diese lässt ein Yogi intuitiv auf sich wirken, manchmal im Moment der Verzückung des Muditā, ein anderes Mal im tiefen Bewusstseinszustand des Yoga Nidrā.

Um fünf Uhr früh wachte ich auf, wusch mich und packte die wichtigsten Dinge ein, die ich für die nächsten beiden Tage benötigte. Den Rest ließ ich in Deurali zurück. Das hatte ich mit den Herbergsleuten abgesprochen.

Nebelschwaden zogen gespenstisch durchs Tal, als ich den Ort mit leichtem Gepäck auf dem Rücken in der Morgendämmerung verließ. Der Weg verlief über kleine Sturzbäche und Geröllhalden unscheinbar am Flussufer entlang. Ich wanderte talaufwärts bis zu einer Schneelawine mit schmutzigem, festem Altschnee. Sie musste überquert werden. Es war nicht ungefährlich, denn manchmal war der Eisschnee spiegelglatt und es ging ziemlich steil in die Tiefe. Wieder einmal kam mir mein selbst angefertigter Wanderstock zu Hilfe, den ich bisweilen in den gefrorenen Untergrund bohrte, um mich abzustützen. Zwölf Kerben in Form von konzentrischen Kreisen verzierten ihn und ich zweifelte keinen Augenblick daran, dass an diesem Tag die dreizehnte und letzte Kerbe als Symbol der letzten Etappe dazukommen würde.

Ich überquerte die Lawine und kam zu einem kleinen, lichten Wald. Das Tal weitet sich hier und aus dem Gehölz drangen ermunternd Vogelstimmen an mein Ohr. Wie schön, dass sie dem Wanderer auch auf seiner letzten Etappe das Geleit nicht verwehrten. Ein Schild am Wegesrand machte mich auf Lawinengefahr aufmerksam. „Avalanche risk area“ stand da. Über Geröll- und Steinfelder folgte ich dem Flusslauf des Modi Khola weiter aufwärts. Eine dichte Wolkenfront kam mir plötzlich entgegen und ich fürchtete einen Wetterumschwung.

Wie ein Gespenst zieht eine Wolke durchs Tal

Immer enger wird das Tal des Modi Khola

Das Annapurna-Basislager ist in Sicht

Doch es schien nur eine einzige große, nebulöse Wolke zu sein, die gleich einem Gespenst durch das Tal zog. Als ich durch sie hindurch gewandert war, schaute ich ihr noch nachdenklich hinterher, wie sie sich weiter unten im Tal ausbreitete. Ein seltenes Naturschauspiel, das ich noch nie erlebt hatte.
Nach zwei oder drei Stunden Fußmarsch kam ich zum MBC, dem Machapuchare-Basislager auf 3700 Metern. Ich betrat eine der Berghütten, deren Türen nie verschlossen sind und schaute mich um. Auf einer Bank lag ein Mann, eingehüllt in eine Decke und schlief. „Namasté! Guten Morgen!“, rief ich laut. Der Nepalese sprang im nächsten Moment von seinem Lager auf und rieb sich die Augen. „Gibt es hier ein kleines Frühstück für einen hungrigen Wanderer?“, fragte ich schmunzelnd. „Ja, ja, kommen Sie nur herein“, erwiderte der aufgeschreckte Herbergsvater und schaute auf seine Armbanduhr. „So früh schon ein Gast“, murmelte er noch verschlafen vor sich hin, ging in die Küche und zündete einen Gasofen an. Ich bestellte mir zwei Teigfladen, „Gurung bread“, und eine Tasse Tee. Dazu packte ich meinen Yakkäse aus. Ein anderer Mann und eine Frau erschienen, grüßten und wollten wissen, ob noch andere Wanderer unterwegs sein würden. „Ich weiß es nicht“, sagte ich, „vielleicht kommen heute Morgen noch zwei Italiener vorbei. Darf ich euch ein Stückchen Yakkäse anbieten, meine Freunde?“, fragte ich die beiden, während ich einige Scheiben von dem gut ausgereiften Käse abschnitt. „Hmm, ja gerne“, sagte die Frau, „Käse haben wir hier oben schon lange nicht mehr gehabt.“ Sie nahm eine Scheibe und bedankte sich.
Nach der Frühstückspause zog ich weiter. Es waren jetzt nur noch 400 Höhenmeter zu überwinden und im Vergleich zum Pass von Thorung La war das ein kleiner Spaziergang. Mir war unterwegs berichtet worden, dass man die beste Sicht auf die schönen Berggipfel in den Morgenstunden hätte, also sputete ich mich in der Hoffnung, ein solches Naturschauspiel im Innersten der „Spirale“ noch am gleichen Morgen erleben zu dürfen. Ich begegnete einer Gruppe von Bergsteigern, die mir entgegen kamen, und erkundigte mich nach der Wetterlage oben am Annapurna. Einer von ihnen machte, auf meine Frage hin,

eine enttäuschte Miene und sagte: „Es sind viele Wolken da. Gestern hat es geschneit, deshalb haben wir unsere Exkursion vorläufig abgebrochen.“ Nach einer Weile kamen mir zwei Trecker aus Österreich entgegen. Sie waren zwei Tage lang am Heiligtum gewesen. Ich erkundigte mich nochmals nach den Aussichten und erhielt nun wenigstens eine kleine, positive Nachricht. „Gestern Morgen um sechs Uhr, da haben wir zwei der Hauptgipfel kurz gesehen. Das war's dann aber auch schon. Es ist wirklich schade. Wir können nicht länger bleiben und warten! Viel Glück und eine gute Sicht!“
Ich wanderte über Schneefelder an einem Bach entlang und kam in ein Moränental. Kein Vogelruf und kein fröhlicher Singsang waren in dieser alpinen Steinwüste hier zu hören. Über immerwährende Schneehalden und vereiste Lawinen folgte ich dem Bach. An einer Stelle am Hang sah ich mehrere zwei bis drei Meter große konzentrische Kreise und Spiralen, wie von Geisterhand in den Schnee eingraviert. Fußstapfen waren nicht zu sehen, also einfach nur eine auffällige Naturerscheinung, oder vielleicht ein Zeichen der großen Muttergöttin?
Dann erblickte ich aus der Ferne einen etwa sechs Meter hohen, aufrecht stehenden Stein und dahinter einige Behausungen. Das musste mein Ziel sein. Es war nun nicht mehr weit und gegen 11 Uhr kam ich am Annapurna-Heiligtum an. Kein Tempel, keine gefasste, als heilig verehrte Quelle oder geschweige denn eine Gebetsmühle waren hier zu sehen. Nur ein unscheinbarer kleiner Stupa stand etwas entfernt auf einer Kuppe.
Ich legte mein Gepäck am Eingang einer der beiden Berghütten ab und ging neugierig daran, die Umgebung zu erkunden, kletterte die Felsen hoch und kam zu einem Kraterrand, der ein mehrere Quadratkilometer großes, von Steinen und Geröll übersätes Landschaftsbecken umschloss, die Vulva der großen Muttergöttin. Allein dies war schon ein atemberaubender Anblick. Doch wie schwere, graue Vorhänge hingen die Wolken vor den sechs- bis achttausend Meter hohen Bergen und ich fürchtete, der als traumhaft beschriebene Anblick der rings umher liegenden Berggipfel würde mir durch Nebelschwaden und

Schichtwolken dauerhaft verwehrt bleiben. Doch es bestand Hoffnung, dass sich das Wetter noch ändern könnte. Ich umrundete den kleinen „Chörten“ und dankte den Göttern, dass ich jetzt hier sein durfte und mein Ziel wohlbehalten und im vorgegebenen Zeitplan erreicht hatte. Neben dem Stupa befindet sich ein Denkmal zu Ehren des berühmten, russischen Bergsteigers Anatoli Boukreev, der elf Achttausender-Gipfel bezwungen hatte. Sein letzter war der Annapurna, wo er bei einem Lawinenrutsch verschüttet wurde und mit einem Kameraden ums Leben kam. Einem Zitat zufolge war Anatoli ein gläubiger Mensch. Er sagte einmal, dass er Gott dort oben in den Bergen so nahe sei, wie an keinem anderen Ort der Welt.

Ich schaute mich um und suchte mir einen geeigneten Platz zum Meditieren. Einer der zahlreichen Felsen weiter oben war in wenigen Minuten erreicht und gerade in diesem Moment durchbrachen einige Sonnenstrahlen die Wolkendecke. Es wurde plötzlich so warm, dass ich meine Jacke ausziehen und als Sitzunterlage verwenden konnte. Und als hätte jemand mit den Fingern geschnippt und einen Zauberspruch gesprochen, verschwanden innerhalb von wenigen Minuten die meisten Wolken. Immer mehr blaue Flecken zeigten sich am Himmel und eine strahlende Sonne beschien in immer häufiger werdenden Abschnitten die gigantische Fels- und Moränenlandschaft der großen Göttin. Noch hing eine dicke und schwere Haufenwolke wie in die Luft gemalt vor einem der Hauptgipfel, dem über achttausend Meter hohen Annapurna I, doch innerhalb weniger Momente verschwand auch sie. Die Sicht ringsherum wurde immer besser und das einzigartige Naturschauspiel nahm seinen Lauf.

In Wolken gehüllte Gipfel

Südseite des Annapurna I, 8091 Meter

Die große Göttin des Überflusses zeigte mir einen Felsendom nach dem anderen, die aneinandergereiht, wie ein riesiger Torque, getrennt nur durch eine winzige kleine Öffnung, wie ein von der Natur geschaffener, gigantischer Ringwall die Vulva umgrenzten. Wie winzig wirkte bei diesem atemberaubenden Gesamteindruck das kleine Moränental und die Pforte, durch die ich gekommen war, und doch lässt sich das Ziel, das Innerste des Heiligtums, nur auf diesem verschlungenen, kleinen Pfad, wie durch ein kleines Nadelöhr, erreichen.
Nachdem ich freudigen Herzens und voller Dankbarkeit meine schönsten Mantras kräftig ins Tal gesummt hatte, beobachtete ich aus meinen Augenwinkeln heraus mit angehaltenem Atem die göttliche Szenerie. Ich legte mir keine anspruchsvollen, mentalen Übungen, wie sonst in meinen Abendmeditationen, zurecht, sondern ließ bei weit geöffneten Augen die Sinneseindrücke in vollen Zügen auf mich wirken. Ein leichter, säuselnder Wind kam auf und blies mir sanft und zärtlich durch meine halblangen, mittelblonden Haare. Vergessen für immer waren nun die Furcht einflößenden, den Pilger auf so mancher Etappe bedrängenden, karmischen Winde. Die Sonne schien mir auf den Kopf, als wollte sie mir ganz bewusst dorthin ihre Wärme spenden und die Shakti – Kundalini lag friedlich zusammengerollt, aber lauernd, im untersten Bereich der Kanda, wohlwissend, dass sie nur dann zu erscheinen hat, wenn der Meister sie am Schwanz kitzelt und mit seinen Mantras nach ihr rufen würde.
Ich saß mit dem Rücken zu einer Felswand, die steil in den Himmel ragte, ein Ausläufer des Hiunchuli und des Annapurna-Südgipfels. Links vor mir sah ich nur bisweilen und für sehr kurze Momente den über sechstausend Meter hohen Varahashikar. Aber geradeaus in einigen Kilometern Entfernung in seiner ganzen Schönheit den Annapurna I mit seiner von der Sonne beschienenen Südflanke und dem lang gezogenen Bergrücken, der sich bis zum siebentausendfünfhundert Meter hohen Gipfel des Khangsar Kang erstreckte, dazwischen die Ausläufer eines von spiegelndem Eis überzogenen Gletschers, der sich in die Vulva der großen Göttin zu ergießen schien, und im

rechten Bildrand der göttlichen Szenerie, wo der Annapurna III noch heftig mit den Wolken zu ringen schien, sah ich dafür den etwas kleineren sechstausendzweihundert Meter hohen Gandhrava Chuli, während noch weiter rechts, nicht minder, der Felsendom des Machapuchare nur leicht verhüllt, aber imposant mit seiner Schwanzflosse in den Himmel ragte.

Große Muttergöttin! Göttin des Überflusses!
Keusch und gehorsam ist dein geliebter Sohn gegangen den Weg der Spirale!
In Demut und Ehrfurcht neige ich mein Haupt und küsse mit meinem Mund die Erde!
Als Knecht seines Schöpfers und der geliebten großen Göttin, als Knecht des Geliebten Allerhöchsten, als Knecht des alles umfassenden Urgrund allen Seins ist er gegangen auf steilem, stetigem Pfade bis zur Vulva und dem Schoß der großen Göttin.
Schwer war die Last am Anfang des Weges, doch leicht und beschwingt trugen ihn seine Füße gegen Ende ins Ziel, in den Schoß der Mutter, der geliebten Herrscherin der Erde, die ihr Füllhorn ausschüttet über alle, die die Gesetze der Natur verstehen und achten.
Das himmlische Auge des Schöpfers über mir, die weit geöffnete Vulva der Mutter Erde vor mir und keiner der Gegensätze mehr in mir, dem Gott aller Heerscharen huldigend, dem stummen Urgrund allen Seins vertrauend, bin ich bereit, das Heilige Sakrament und den Geist des Wissens aller Wahrheiten zu empfangen.
Große Göttin! Ich bitte dich aus ganzem Herzen um das Geheimnis der Zahl „13“, damit vollendet und vervollkommnet werden, zum Lobpreis der Schöpfung, die Weissagungen der großen, alle Wesen liebenden Göttin!

Weit und beschwerlich sind die Wege des Menschen, die er geht im Irrgarten vieler vergangener Leben. Doch einmal wird jeder den Faden zur letzten aller Wahrheiten finden.
Wer einmal geschmeckt hat den Nektar der Blüte des ewigen Lebens, geht nimmer zurück und wird selig im Haus des geliebten Allerhöchsten.
Ein Beispiel gegeben hat der geliebte, verlorene Sohn zum Lobpreis des universellen Gedankens der Liebe, doch steht auch er erst am Anfang des neuen, des künftigen Seins.

Am Ende ist Anfang, ein fließender Strom, im Kreis der Vollendung kann die „13“ nicht sein.
Doch klingt sie als neuer, dem alten noch gleich, beginnender Ton im kommenden Reich,
ein Klang auf der Stufe zum göttlichen Sein, ein Punkt in der Mitte des Kreises der „12“.
Ein Punkt wie ein Nadelöhr, sammle den Geist, und durchschreite die Pforte zum himmlischen Reich! Finde das Nadelöhr und kehre heim, durch den Schoß der Geliebten, durch die Pforte der Vulva, zum Lotus des ewigen Lebens!

Die große spannende Frage aus der Sicht christlicher und buddhistischer bzw. hinduistischer Mystik wird zukünftig nicht sein, was hinter dem Nadelöhr, oder einem Wurmloch, wie es die Physiker ausdrücken, zu erwarten ist, sondern ob sich die Individualität des Menschen im Urgrund allen Seins tatsächlich auflöst, wie manche glauben, oder ob das individuelle Selbst erhalten bleibt. Buddhistischen Mystikern und auch Angelus Silesius wurde immer wieder in den Mund gelegt, dass sie gesagt hätten, der „Tropfen des individuellen Bewusstseins würde sich im Meer des göttlichen absoluten Seins“ am Ende auflösen. Dies lässt sich meiner Meinung nach aus den Reden Buddhas oder den Werken Schefflers* nicht zwangsläufig herauslesen.*
Und auch im Hinduismus wird zu diskutieren sein, ob sich die Einzelseele **Atman,** *in einem angestrebten, absoluten, transzendenten Zustand, in die Weltseele des* **Brahman** *letztendlich wirklich auflöst, was als das Gesetz des* **Moksha** *beschrieben wird. Dort ist die Weltseele nämlich eigenschaftslos, was einer Vorstellung gleichkommt, dass die Naturgesetze durch sich selbst wirken und nicht durch göttlichen, willentlichen Einfluss. Hierin zeigt sich aber ein Widerspruch.*

Eine Selbstauflösung und ein Verlust des individuellen Gedächtnisses wird es meiner Meinung nach im Nirwana nicht geben, denn die Evoluti-

---

* Angelus Silesius (1624 – 1677), mit bürgerlichem Namen Johann Scheffler, von der Mystik angeregter Liederdichter und Epigrammatiker

on schreitet voran und nicht zurück, möge das **physische** *Universum, die Res extensa, sich noch so oft ausdehnen und zusammenziehen und Mahavishnu* seinen Leib mit einem einzigen Atemzug noch so oft ausdehnen und zusammenziehen. Die Res cogitans, das Brahman und die Welt des individuellen Geistes bleiben davon unberührt.*

Eine bedingte Selbstauflösung und ein individueller Gedächtnisverlust ist gebunden an den physischen Tod und den Daseinskreislauf des Samsara, denn wüsste der Mensch um sein Schicksal der Erlösung im Paradies, er würde sich zu Lebzeiten auf der Erde nicht anstrengen und infolgedessen würde er sich auch nicht vervollkommnen. Trotzdem sind alle Ereignisse im Leben eines Menschen in der Akasha-Chronik, dem göttlichen Weltgedächtnis, gespeichert. Sie offenbaren sich dem Menschen im Zwischenstadium des Empyreum, kurz vor dem Eintritt in die höhere Welt, so fern er ein Bhodisatva ist, kurz vor der irdischen Wiedergeburt. Über das Samsara hatte Siddharta Gautama sehr oft gesprochen. Er hielt sich, meiner Meinung nach, bewusst aus diesem und einem anderen wichtigen Grund mit positiven Ausblicken über den Erhalt des individuellen Geistes und des individuellen Selbst zurück, denn hätte er ein zukünftiges individuelles Selbst proklamiert, so wäre einem wie ihm der Vorwurf gemacht worden:
Dieser, der Buddha, meditiere aus Eigennutz, um ins Paradies zu kommen, was nützt es dem Nächsten? Diesem Argument kam der Buddha in seiner genialen Vollkommenheit zuvor, indem er das Auflösen des Selbst mit einem Verwehen im Nirwana als dem Ende allen Leidens verglich. Dahinter stand schlicht und einfach die implizite Botschaft, nichts zu erwarten und uneigennützig zu meditieren.
In einer im Westen wenig bekannten Schrift, der Sukhavati-Vyüha, der Sutra vom Lande der Glückseligkeit, auch Sutra des unendlichen Lebens genannt, ist die Rede von einem Ort in der Nähe des Nirwanas, der dem der pythagoreischen Gegenerde und dem Land der Hyperboreer vorzüglich entspricht, wo alle Menschen in Frieden und Glückseligkeit leben können. In diesem Land soll es keine schlechten Existenzweisen (Gatis) geben, die Geburt dort erfolgt in einer Lotusblüte, die schon **durch die Praxis des Meditierens** *vorbereitet wurde. Jedes Wesen soll dort einen goldenen Körper besitzen, der die zweiunddreißig Merkmale der Vollkommen-*

---

* Vgl. Kapitel 1, die Schöpfungsmythen der Veden

heit aufweist. Jedes Wesen dort wird mit dem „göttlichen Auge“ und dem „himmlischen Gehör“ ausgestattet. Jedes Wesen dort wird die Fähigkeit haben, sich auf übernatürliche Weise fortzubewegen usw.
Jedem aufmerksamen Leser wird auffallen, dass in diesen, als kostbares Geheimnis gehüteten Schauungen des Erzählers Ananda von einer Auflösung des individuellen Geistes und des individuellen Selbst in keiner Weise die Rede ist.
Was das Eingehen in das Nirwana angeht, so lässt uns die Schrift wissen, dass die Wesen mit dem goldenen Lichtkörper nur noch eine Wiedergeburt benötigen, um das Nirwana zu erreichen, wobei es sich hier durchaus um einen Daseinskreislauf auf einer höheren Seinsebene handeln kann.

Wenden wir uns dem Mikrokosmos und den archaischen Phänomenen in der Meditation zu. Es ist selbstverständlich und logisch zugleich, dass die Hinweise und Weissagungen, wie sie dem „Wanderer zwischen den Welten“ im Anblick der göttlichen Szenerie an jenem Tage des vierten Mai im fünften Jahr dieses Jahrtausends von der geistigen Welt offenbart wurden, sich in Bezug auf die feinstofflichen Körper, deren ätherische Energiewirbel und deren Auren übertragen lassen. Der dreizehnte Ton auf der chromatischen Tonleiter und die dreizehnte Taste auf dem Klavier bedeuten das Ende und den Anfang einer neuen Oktave. Bezogen auf den in der Meditation mit Hilfe des ätherischen Bügels erschaffenen Lichtkörper, den Kausalleib und seine Wonnehülle aus weißem Licht, ist dies im Mikrokosmos der äußerste Punkt der nicht ausgedehnten Wonnehülle. Er liegt im Verhältnis des goldenen Schnitts etwa fünfzig bis siebzig Zentimeter (je nach Körpergröße des Menschen) über dem Kopf auf dem dreizehnten Chakra einer höheren „Oktave“. Dieses dreizehnte Chakra ist für den Erleuchteten die Durchgangspforte zur nächst höheren Seinsebene im Augenblick des Todes, das Nadelöhr an der Schwelle zum Lande der Glückseligkeit, von dem Jesus sagte:

Es ist leichter, dass ein Kamel durch ein Nadelöhr geht, als dass ein Reicher ins Reich Gottes kommt.
(Mk 10,25)

Machapuchare, 6993 Meter

Den Abend verbrachte ich in der Lodge. Während die Herbergsleute und die beiden Koreaner, die mir zwei Tage zuvor begegnet waren, Karten spielten, hatte ich mich in eine Ecke des Aufenthaltsraumes zurückgezogen und schrieb in mein Tagebuch Kommentare meiner geisteswissenschaftlichen Betrachtungen. Ich saß im Lotussitz und schaute bisweilen aus dem Fenster. Es schneite und Nebelschwaden zogen gespenstisch am Fenster vorbei, wie ein sich bewegender, die Nacht verschleiernder, grauer Vorhang. Geduldig wartete ich darauf, dass sich die anderen Gäste auf ihre Zimmer zurückziehen würden, denn ich wollte auf meinem Platz vor dem Fenster die Nacht hindurch meditieren.
Ich war immer noch glücklich beseelt, weil sich bei meiner Ankunft am Heiligtum der Himmel aufgetan hatte, wenn auch nur für wenige Augenblicke. Ich empfand es als eine große Gunst und Gnade der großen Göttin des Überflusses, die mich in einem günstigen Moment meines bescheidenen Menschenlebens nicht alltägliche Dinge schauen ließ.
So stellte ich meine mentalen Übungen am Abend zunächst in den Mittelpunkt von Danksagungen und Huldigungen zum Lobpreis der großen Schöpferin und Bewahrerin, der Göttin des Überflusses, der großen Muttergöttin Annapurna. Nachdem ich endlich allein war und alle Lichter bis auf eine kleine Kerze gelöscht waren, ging ich tiefer und konzentrierter an meine Arbeit. Lange Zeit meditierte ich mit dem imaginären „schwarzen Samttuch“ vor meinen geschlossenen Augen, um eine konstante, bewusste Leere im Zustand des Samadhi zu erzeugen, während ich intuitiv mit jedem Atemzug Prana in mir aufnahm und mittels einer besonderen Atemtechnik staute.
Dann imaginierte ich ganz bewusst und konkret Parvati – Shakti, den weiblichen Aspekt des Gottes Shiva. Mit einem geistig gedachten Pinsel malte ich jedes kleine Detail, so wie ich mir die Göttin in ihrer ganzen „vermenschlichten“ Schönheit vorstellte. Wie hübsch sie doch war, geschminkt wie immer, mit zarten, jugendlichen Gesichtzügen, runden Brüsten und breiten, einladenden Hüften, ohne Dreizack und ohne irgendwelche Emanationen anderer sonst so häufig dazu gestell-

ter Gottheiten. Ganz weiblich. Das Bild gefiel der Schlange Kundalini, die längst aus ihrem Schlaf erwacht war und auf ein Zeichen wartete. Ich kitzelte meine Libido bis zum Äußersten und visualisierte den sexuellen Akt mit der Göttin im Lotussitz unser beider umschlungener Körper, *denn aus der Spannung zwischen mentalem Lustempfinden und spiritueller Wunschimprägnierung erwächst eine besonders starke Kundalini, durch Sublimation**.

Und lange saßen wir so vereinigt im Zustand der Glückseligkeit, bis Hamsa, die Wildgans, ihren Hals zu strecken begann. Mit einem Ruck saßen wir auf ihrem Rücken und sogleich fuhr die Wildgans fort, mit den Flügeln zu schlagen und erhob sich zu einem großen aufsteigenden und absteigenden Bogen. Ein heller Stern leuchtete wie ein Punkt im ätherischen Dunkel des Universums und Hamsa schien zunächst darauf zuzufliegen, doch im nächsten Moment machte sie kehrt und stürzte mit atemberaubender Geschwindigkeit in die Tiefe. Doch kurz vor dem Schlund der Hölle verlangsamte sie ihr Tempo und machte wieder kehrt zu den Gefilden des Himmels. Das wiederholte sie mehrmals. Die Shakti jauchzte, schaute nach hinten und hielt sich fest umschlungen um meinen Körper, während ich nach vorne blickte und mit meinen Händen im Gefieder der Wildgans festen Halt suchte. Ich merkte schon bald, dass die Wildgans sich zu einem edlen Schwan verwandelte, der nur darauf wartete, von mir gelenkt zu werden, denn meine Zügel waren mein Wille und meine Gedanken. Der Schwan ging in einen Gleitflug über und ich sah wieder diesen funkelnden Stern. Immer mehr Sterne, ja ganze Sternbilder erschienen links und rechts der Peripherie und verwandelten sich zu lebendigen Wesen. Links unten tauchte der Skorpion auf. Mit seinen weiten Zangen wollte er nach uns greifen und uns trennen, doch

---

* Vgl. hierzu die Thematik der „Hohen Minne“ in der Liebesmystik der hochmittelalterlichen Troubadoure;
Vgl. ebenso Platon, Phaidros 241d – 257b, wo die selige Verliebtheit zwischen dem Liebhaber und der Geliebten zum Aufstieg der Seelenkräfte notwendig ist, weil Eros göttlicher Herkunft ist.

mit einem Lichtblitz erschien Jupiter und schleuderte das Ungeheuer in den Abgrund der Hölle. Hoch über uns standen die Zwillinge Cautes und Cautopates. Der eine hielt eine Fackel in die Höhe, der andere hielt eine Fackel nach unten. „Was hat das zu bedeuten?“ Kaum hatte ich meine Frage gedacht, flüsterte mir die Shakti ins Ohr: „Ein Zeichen!“, und sogleich wusste ich was gemeint war. Ich gab dem Schwan die Zügel und wir flogen einen noch größeren aufsteigenden und absteigenden Bogen zwischen den beiden Fackelträgern hindurch. So ging das eine ganze Weile. Ich könnte euch erzählen wie oft, aber das sollt ihr selbst herausfinden. Zählt einmal die Tasten an einem Piano oder die Feuerzungen am Rad des tanzenden Shiva Nataraja oder die konzentrischen Ringe auf den Goldhüten der Sternenmagiere, dann kommt ihr vielleicht selbst darauf.
Dann sah ich eine Lichtgestalt mit einem Gespann von vier feurigen Rossen. „Drauf zu!“, flüsterte mir die Geliebte Göttin ins Ohr. Ich summte dem Schwan ein Mantra und sogleich legte er seine Flügel an und stürzte vom höchsten Punkt des aufsteigenden Bogens auf das Gespann mit dem Wagenlenker. Dieser trug einen purpurnen Umhang und hatte ein Antlitz wie eine goldene Sonne. Wir landeten weich und purzelten mit dem Kopf nach unten auf den großen Wagen, während der Schwan davonflog und der Lenker des feurigen Wagens mir selbst im nächsten Moment die Zügel überließ. In hohem Bogen lenkte ich die Rosse, deren Hufe Funken schlugen und deren Nüstern Feuer und Rauch ausstießen.
„Was ist das?“, rief ich meiner Freundin zu, als wir über den hohen Bogen hinunter auf ein riesiges, schwarzes Loch zurasten, das uns im nächsten Moment zu verschlingen drohte, während die karmischen Winde uns von beiden Seiten bedrängten, dass uns nach allen Richtungen die Haare flogen. Doch im eifrigen Gefecht antwortete die Shakti nicht, sondern klammerte sich fester an meinen Körper. Ich selbst hatte große Mühe, die feurigen Rosse im Zaum zu halten.
Kurz vor dem Abgrund in das schwarze Loch erschien eine Lichtgestalt mit zwei Hörnern auf dem Kopf. „Der Hand-

schlag des Saturn!", rief mir die Gefährtin im Sturmwind zu. Schnell riss ich das Gespann noch einmal herum und wir drehten im kosmischen Äther eine weitere Runde, während Saturn uns aus der Ferne zuwinkte. Ich fuhr den größten aufsteigenden Bogen und machte mich auf dem höchsten Punkt zum Sturz in die Tiefe bereit, lenkte die Rosse dicht an Saturn vorbei und schlug in seine Hand ein, so wie es mir die Shakti geraten hatte. Saturn löste sich auf und ich sah wieder jenen funkelnden Stern im Zentrum des riesigen schwarzen Loches.
„Drauf zu!", rief die Geliebte, legte geschlossen und fest ihre Arme um meine Schultern und spornte mich an.
Doch dann wurde unsere Fahrt langsamer, denn wir hatten soeben das Sternbild der Fische passiert. Die karmischen Winde legten sich und wir glitten sanft auf das immer größer werdende silber-goldene Licht zu. „Dreh dich jetzt nicht um, mein Geliebter, diesmal werden wir es schaffen", flüsterte die Göttin mit schwindender Stimme. „Ja! Diesmal werden wir es schaffen!", antwortete ich selbstbewusst. Ich spürte nicht mehr die Zügel in meinen Händen, noch sah ich die feurigen Rosse. Doch ich drehte mich nicht um, denn ich wusste, dann würde auch die Geliebte, die über alles geliebte Göttin verschwinden.
So schwebten wir beide langsam zum Ausgangsort des silber-goldenen Lichts, begleitet von dem erhabenen Gesang Krishnas zur Rechten, begleitet von dem Leierklang des Sängers Orpheus zur Linken. Neben ihm stand ein Mann mit einem Griffel und einer Tafel in der Hand. „$a^2 + b^2 = c^2$" stand darauf zu lesen. Seinen Namen verriet er mir nicht, aber er zwinkerte mir zu. Etwas abseits stand eine kleine Gruppe von drei Personen. Der in der Mitte schien Platon zu sein. „Und sie ist wahr!", sagte er, indem er auf eine leuchtende, weiße Kugel deutete, die er soeben Kraft seiner Gedanken in den Äther gezaubert hatte. „Die Welt der Ideen!", fügte er hinzu, während der zweite im Bunde, der Älteste, den Jüngsten der Drei tadelte: „Kein Schüler sollte sich je über seinen Meister erheben!", sprach er belehrend. Dann sah ich eine wunderschöne Frau mit einem Lorbeerkranz in den Haaren, Hypathia, die weise, römische Philosophin. Immer langsamer schwebten wir auf

dem silber-goldenen Lichtstrahl zu seinem Ausgangspunkt, bis wir an eine Pforte kamen, wo ein alter Mann mit einem langen weißen Bart und ausgelatschten Sandalen an einem Tisch saß. „Das ist Petrus“, gab mir die Göttin zu verstehen. Dieser hob den Kopf, als er uns sah, und fragte verschlafen: „Habt ihr ein Losungswort?“ – „Licht und Liebe allen Wesen!“, sagte ich ohne zu zögern, während ich mit der rechten Hand auf die Mitte meines Herzens zeigte und ein in 32 Farben schimmernder Diamant erschien. Die Göttin entließ mich jetzt und sagte: „Am Ende des Lichtstrahls warten zwei Sonnenwesen auf dich. Geh jetzt! Geh!“ Ich folgte den Weisungen, wurde zunächst aber so geblendet, dass ich blind, jedoch voller Vertrauen weiter ging, und plötzlich stand ich in einem neuen Gewand und mit geöffneten Augen vor ihnen. Eines der beiden Sonnenwesen war der erhabene, immer gütige Buddha Shakyjamuni. Gelassen saß er in einer tausendblättrigen Lotusblüte und lächelte. Ich verneigte mich sieben Mal vor ihm und schritt mit gesenktem Haupt und demütigen Herzens weiter zu Christus. Ich warf mich nieder, küsste seine Füße und nässte mit meinen Tränen seine Gebeine. Vor Ehrfurcht sagte ich kein Wort, noch wagte ich mich zu erheben und dem Geliebten von Angesicht zu Angesicht gegenüber zu treten. Doch gütig beugte er sich zu mir hinab, hob mich empor und ließ mich in sein strahlendes Antlitz schauen. Die Zeit stand fast still und der Anblick des in Ewigkeit Geliebten aller höchsten Sonnenwesen ließ mich für lange Zeit im Zustand der Verzückung und Glückseligkeit verweilen. So wird es sein! Amen!

Shiva mit seiner Gemahlin Parvati-Shakti

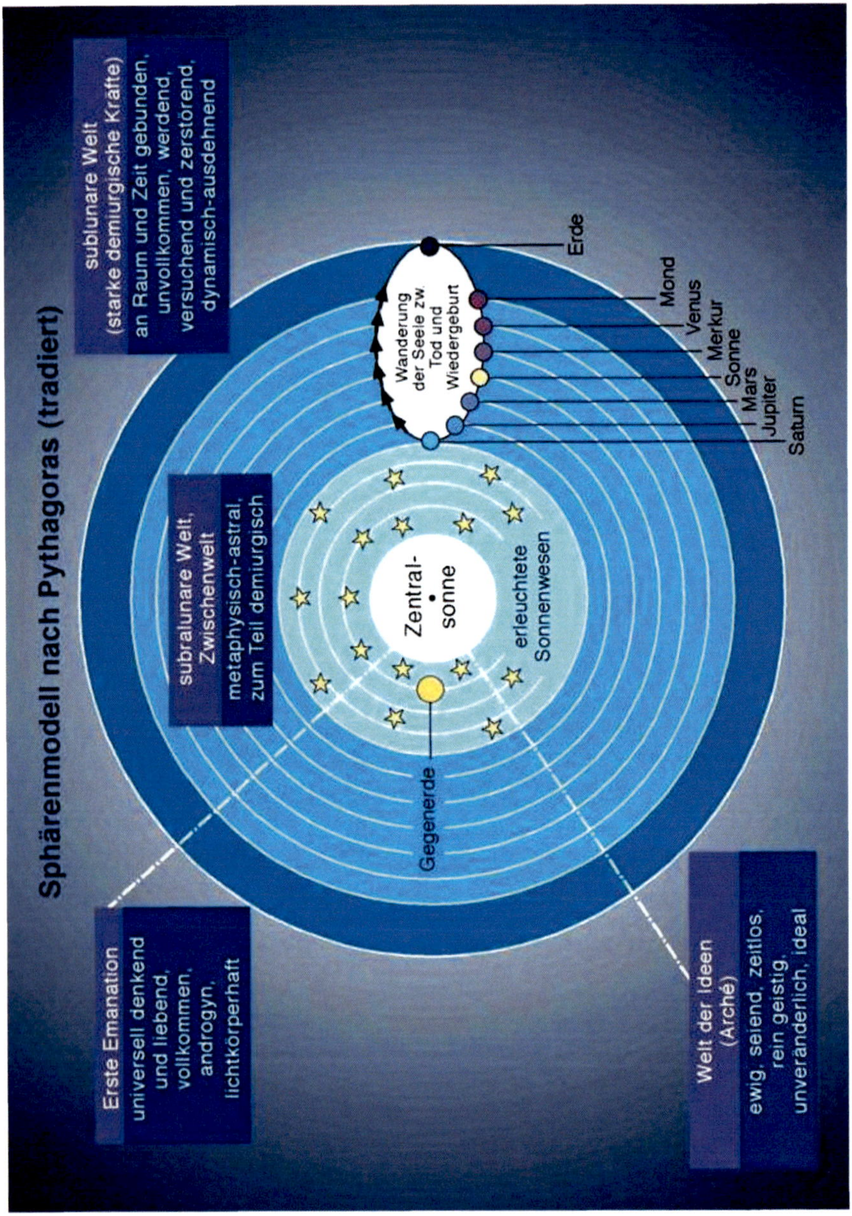

Sphärenmodell nach Pythagoras (tradiert)

Nachwort

Die Suche nach den legendären Planetenschalen ging weiter, trat aber nach dem bisher Erlebten etwas in den Hintergrund. Ich möchte dem interessierten Leser stichwortartig darüber berichten.

Nachdem ich, tief berührt von den Erkenntnissen jener Tage, das Heiligtum der großen Göttin über Deurali und Chomrong wieder verlassen hatte, kam ich zu den heißen Quellen von Jhinu. Das milde Klima und die ruhige Lage des Ortes bewogen mich, für zwei Tage hier zu bleiben und die Erlebnisse in aller Ruhe und mit einem gewissen Abstand Revue passieren zu lassen. Ich lag manchmal stundenlang im „Pool" der nur wenigen Wanderern bekannten, heißen Quelle. Mitten in der Natur, in einem von Einheimischen angelegten Becken, lauschte ich in entspanntem Zustand dem Rauschen des Flusses und den Liedern der Singvögel, die ich bisweilen mit ausgestreuten Erdnüssen bis an den Beckenrand heranlockte.
Ein weiterer, letzter anstrengender Tagesmarsch brachte mich über Dhampus nach Naudanda, welches an einer Hauptstraße liegt und von wo aus ich den Bus nach Pokhara, der zweitgrößten Stadt Nepals nahm.
In Pokhara gibt es einige sehenswerte sowohl hinduistische als auch buddhistische Tempel.
Besonders interessant fand ich einen alten Kultplatz, der „Devi's Fall" genannt wird. In einer Tropfsteinhöhle, die bei starken Regenfällen auf natürliche Weise geflutet wird, steht ein zwei Meter hoher schwarzer Felsen, der noch heute als Lingam Shivas angebetet wird und der mit der aufgerollten fünffach bekrönten Schlange Kundalini stilisiert ist.
Das National Museum in Pokhara zeigt eindrucksvoll die verschiedenen Bräuche und Trachten nepalesischer Bauerntradition und stellt eine Verbindung her zu den alten Trachten slowenischer Volksgruppen.

Ich knüpfte einige Kontakte zu Händlern, aber keiner wollte mir verraten, wo die Klangschalenschmiede ihre Werkstätten betrieben. Von den gesuchten Planetenschalen und deren besonderer Zusammensetzung hatten sie noch nie etwas gehört.
In Kathmandu besuchte ich Susan und Kathy. Sie vermittelten mir eine Audienz bei einem sehr hohen Lama, der aus Tibet emigriert war und lange Zeit im Königreich Mustang gelebt hatte. Lama Chögye Trichen Rinpoche ist der 18. Linienhalter der Tsarpa Tradition, einer der vier Sakya Schulen. Begleitet von einem Übersetzer wurde mir erlaubt, mit dem Lama zu sprechen. Ich erzählte ihm, dass ich den Weg der Spirale zum Heiligtum der großen Göttin gegangen bin. Er hörte mir lächelnd zu und sagte anschließend nur zwei Worte: „Very good!" Dann segnete er mich.
Ich verließ Nepal und begab mich auf abenteuerlichen Wegen mit schier endlosen Busfahrten nach Nord-Indien in den Bundesstaat Himachal Pradesh. In Dharamsala, dem Exilsitz seiner Heiligkeit des Dalai Lama blieb ich zwei Wochen und nahm mir ein kleines Zimmer in dem buddhistischen Kloster Tse Chok Ling, welches in einer wunderschönen Parkanlage am Rande der Stadt gelegen ist. Die Tür zum Tempel stand mir jederzeit offen und ich meditierte oft und lange an dieser Stätte. In der Nähe gibt es einen imposanten Wasserfall, der durch eine Erdspalte in eine Vulva fließt. Der Ort gilt als heilig und heißt Bagsu, was so viel wie „Schlange" bedeutet.
In Dharamsala befindet sich die größte tibetische Bibliothek der Welt. Diese Tatsache machte ich mir zu Eigen und studierte einige Schriften über tibetische und indische Astrologie. Die Unterschiede der beiden Richtungen sind groß. Der Leser beachte, was hier in Kapitel 8 über Radmotive und die Entwicklung der beiden Strömungen gesagt worden ist. Ich stieß auch auf eine englische Fassung der in Kapitel 13 erwähnten Sukhavati-Vyüha Sutra.
Ich ging ebenso ganz alltäglichen Dingen nach und kehrte öfters mal im Szenencafé „Khana Nirvana" ein, wo Menschen aus allen Teilen der Welt an Podiumsdiskussionen teilnehmen können und wo künstlerische Darbietungen Anklang finden.

Nur wenige Meter von diesem Lokal entfernt spielte sich eines Tages auf offener Straße, kaum bemerkt von den vorbeiströmenden Passanten, eine rührende Szene ab. Etwas abseits von Verkehrslärm und Auspuffgestank führten drei Straßenkinder einer unteren hinduistischen Kaste auf dem Haupt-Boulevard der Stadt ein kleines Theaterstück auf. Der Älteste der drei Geschwister war höchstens elf Jahre alt, die Schwester neun und der kleinste vielleicht sechs.

„Hey, hey ihr Leute kommt herbei", rief der Älteste und schlug wild auf seiner Trommel, die um seine Schulter hing. Doch niemand der Passanten beachtete ihn und die beiden anderen Akteure. Ungeachtet dessen begann das Mädchen zum Rhythmus der Trommel zu tanzen und der jüngste der Komödianten ging daran sich zu verkleiden. „Hey, hey ihr Leute kommt herbei und wir erzählen euch die Geschichte von „Hamsa", der Wildgans, die sich in eine schöne Prinzessin verwandelte." Der Trommler sang ein paar Verse, die Tänzerin schwang ihre noch kindlichen Hüften und der Benjamin saß jetzt verkleidet mit einem selbst gebastelten Federkleid in Hockstellung und wartete auf seinen Einsatz. Dann kam das Kommando. Der Trommler hielt plötzlich inne und rief laut: „Hamsa! Hamsa!" Der Vogel erhob sich und begann mit den Flügeln zu schlagen, während die Tänzerin einige yogaähnliche Gelenkigkeitsübungen vorführte. Nach diesen Bewegungsabläufen enttarnte sich der kleine Junge, nahm das Kostüm ab und gab sich zu erkennen. Auf seinem Kopf trug er eine schwarze Kalotte mit einer langen Bommel. Er stemmte die Arme in die Hüften und drehte seinen Kopf mit rasanter Geschwindigkeit, dass die Bommel in großen Kreisbewegungen über seinem Kopf sauste, während die Trommel zum Finale noch mal kräftig einsetzte. Jetzt nahm die Tänzerin einen etwa vierzig Zentimeter großen Metallring, streckte ihren Kopf und ihre Füße durch und deutete somit die Figur eines Bügels oder halbgeöffneten Bogens an.

Niemand der vorbeigehenden Passanten hatte dem Mysterienspiel der Kinder Beachtung geschenkt, welch eine Ironie des Schicksals. Dabei hätte sich vor den Augen des Publikums eines der größten Geheimnisse menschlichen Daseins offenbaren können, wenn die Leute es bemerkt und verstanden hätten. Nur etwas abseits auf einer Mauer saß ein Knecht des geliebten Allerhöchsten, der jede Szene des Mysterienspiels genau beobachtete und als Einziger den Wink der Götter verstand. Er ging anschließend zu den Kindern, lobte sie für ihren Mut und die schöne Darbietung und lud die drei Komödianten zum Essen ein.

Mit Motorrad, per Anhalter und Bus erkundete ich die Umgebung südlich von Kangra, wo im achten Jahrhundert einige Felsentempel aus dem Stein gehauen und angelegt wurden. Die Tempel befinden sich in der Gegend von Masur, sind aber sehr schwer zu finden. Ich sah Abbildungen von Shiva und dem Sonnengott Surya. Die im Gupta-Stil entstandenen Reliefe waren beeindruckend, zeigten aber nur sehr wenige, mit westlichen Kultstätten und Kultobjekten vergleichbare Merkmale.

Dafür erregten am Ende meiner Reise einige Ausstellungsstücke im indischen Nationalmuseum von Neu Delhi meine Aufmerksamkeit. Insbesondere kleine Terrakottafigürchen der Harappan-Kultur, die im dritten Jahrtausend vor Christus im Industal ansässig war, zeigen in auffälliger Weise männliche und weibliche Idole mit Vogelköpfen und runden Körperformen, die man vorzüglich zur Interpretation dessen, was über Hamsa, die Wildgans, und den ätherischen Bügel gesagt worden ist, heranziehen könnte.

Diese kleinen Vogelkopf-Plastiken sind keine Einzelphänomene, wie auch die Archäologen wissen, sondern von vielen Kulturen über mehrere tausend Jahre hinweg als archaische Urmotive der Seelenkräfte immer wieder in Bild und Form dargestellt worden. Es wäre wünschenswert, wenn in den modernen Naturwissenschaften dieses Faktum zur Kenntnis genommen würde. Nach Meinung mancher kritischer Psychologen und Wissenschaftler sind die in der Meditation erlebten Erfahrungen Halluzinationen. Solchen Leuten rate ich dringend zu meditieren, dann werden auch sie bald erkennen, dass archaische Phänomene existieren und bei allen Menschen substantiell vorhanden sind.

In Dharamsala erwarb ich einige sehr schöne Klangschalen, mit denen ich noch experimentieren werde.
Die Theorie, dass sich die Winkelgeschwindigkeiten der Planeten im physischen Universum in Verhältnis zueinander in harmonischen, musikalischen Tonleitern ausdrücken lassen, bleibt zweifelhaft. Einer der Pioniere dieser These, Johannes Kepler (1571 – 1630) beschreibt im fünften Buch seines Hauptwerkes „De Harmonices Mundi", dass sich einige Frequenzen übertragen lassen, aber eben nur einige und diese nur annähernd. Bedenkt man, dass die Planeten ständigen Schwankungen und Wankelbewegungen ausgesetzt sind, so lässt sich daraus höchstens ein halbgelungenes Abbild einer archaischen, harmonischen Musik heraushören. Jeden geschulten Musiker würde Unbehagen befallen, wenn er auf einem schlecht gestimmten Instrument musizieren müsste. Diese schlechte, nur halbgelungene Stimmung im Kosmos ist eben das Werk des unvollkommenen Demiurgen. Im Gegensatz dazu steht das uns in die Seele mitgegebene, archaische Musikempfinden von ästhetischen, harmonischen Klängen, wie sie sich im Frequenzbereich der exakten Stimmung von Musikinstrumenten und unserer eigenen Stimme während des Gesangs ausdrücken.
Weil die Chakren ätherische Organe sind, die der Arché entspringen, kann es auch zu ihnen nur archaische, harmonische Frequenzzuordnungen geben. Noch vor wenigen Jahren glaubte man, dass die Chakren auf das endokrine Drüsensystem des physischen Körpers zurückzuführen sind. Dem ist aber nicht so. Sie sind morphogenetischer Natur.
In meinen Meditationen nehme ich das intuitiv gefundene „G" als Grundton für das Erdchakra und baue dann analog zur Tonleiter die Zuordnung auf, somit summe ich mein Mantra beim Kronenchakra in „Fis". Frauen haben andere Tonlagen als Männer. Man sollte nach Belieben einfach ausprobieren und experimentieren, welche Tonleiter einem liegt.
Viele Themen in diesem Buch konnte ich leider nur anschneiden, zum Beispiel die spannende, philosophische Frage, woher das „Böse" kommt. Meine Position ist die, dass das Böse nur vom Menschen selbst kommt, denn wäre der Demiurg, wie die

Manischäer, Katharer und andere Anhänger einer extrem dualistischen Gnosis glaubten, böse, so wäre auch ein Raubtier wie Löwe oder Adler böse. Doch sie töten ihre Beute aus Instinkt und Trieb, weil sie so geschaffen wurden, und nicht mit der Absicht, jemandem zu schaden.

Aus Sicht einer gemäßigten Gnosis und einer substanzdualistischen Mystik, wie ich sie vertrete, könnte dem Menschen die Freude und Lust am irdischen Leben gelassen werden, wenn er sich gleichzeitig in die Pflicht nehmen lässt, die Basis für eine zukünftige Weltethik in ständiger Annäherung an die Arché zu schaffen. Es liegt am Menschen selbst, ein Himmelreich auf Erden nach der Vision Jesu und seiner Botschaft der *Bsaleia tu theu* zu verwirklichen, die nichts mit der oft verwechselten Eschatologie im damaligen Judentum zu tun hat. Jesu Botschaft vom Himmelreich auf Erden war positivistisch gemeint und auf die Zukunft ausgerichtet, deshalb lehrte er die Menschen zu beten: „Dein Reich komme, dein Wille geschehe, wie im Himmel ***als auf Erden***. Hierin grenzt sich das Christentum deutlich von dem Diesseitspessimismus des Buddhismus ab, doch es ist amüsant, aus der Ferne zu beobachten, wie seine Heiligkeit, der Dalai Lama, trotz allem Leid, das ihm und seinem Volk zugefügt worden ist, diesen Diesseitspessimismus wie ein unbrauchbares Relikt aus dem Mittelalter, abzustreifen beginnt und den Blick mehr und mehr auf die Zukunft einer globalen Weltethik zu richten scheint.

Die Maxime der Nächstenliebe und der Gewaltfreiheit allein werden freilich auf lange Sicht nicht genügen, weil die Natur um uns herum weiterhin massiv zerstört wird und weil die Seelen unserer Kinder in der heutigen Zeit mit einem Zuviel an Konsum, Gewalt und Pornografie vergiftet werden. Für eine gute Zukunft und eine gesunde Natur brauchen wir nicht nur eine globale, soziale und biozentrische Ethik, sondern eine stärkere Einbindung weiblicher Aspekte in allen Lebensbereichen. Es wäre sehr begrüßenswert, käme endlich ein Zeichen von den Würdenträgern der großen Weltreligionen, Frauen ernsthaft an kirchlicher Macht teilhaben zu lassen. Ich denke da zum Beispiel an einen weiblichen Bodhisattva oder eine

Päpstin. Manche von euch werden jetzt schmunzeln und diese Gedanken als utopisch und zu idealistisch bezeichnen, doch die Geschichte lehrt, dass die Idealisten oftmals die besseren Realisten sind, die Geschichte lehrt auch, dass Quantensprünge zum Wohl der Menschheit in der Evolution möglich sind, wenn viel positive Energie sich bündelt. So wie damals, als Hunderttausende in den Straßen ostdeutscher Städte demonstriert und gerufen haben: „Wir sind das Volk!", und mit friedlichen Mitteln den eisernen Vorhang zu Fall brachten, ohne dass militärische Gewalt sie aufgehalten hätte. Das war eine echte, friedliche Revolution und darauf dürfen die Menschen in Deutschland durchaus stolz sein.

Unabhängig von den Weissagungen der großen Muttergöttin möchte ich zum Schluss noch einmal auf Albert Einstein zurückkommen, der übrigens nicht nur Pazifist, sondern auch ein exzellenter Geiger war.

Die allgemeine Relativitätstheorie Einsteins und die Einbindung von Raum und Zeit in seine Gravitationstheorie hat die Theorie der Gravitation, wie wir sie von Newton kennen, so gut wie abgelöst. Sie öffnet zu Beginn des Wassermannzeitalters eine Tür zu neuem, holistischem Denken in einer nicht statischen, multi-dimensionalen Welt. Dutzende von Experimentalphysikern, nicht zuletzt die Vertreter der Quanten- und Stringtheorie glauben an eine Wirklichkeit in höheren Sphären. Mit ihren Experimenten werden sie irgendwann einmal beweisen, dass Gott existiert. Leider verstehe ich zu wenig von diesen neuen Wissenschaften, weil ich den Beruf eines Musikers ausübe, jedoch wird nach meiner Einschätzung die Urknalltheorie von der Entstehung der Welt schon bald ins Wanken geraten. Dann könnte sich herausstellen, dass das physische Universum tatsächlich aus einem schwarzen Loch, wie eine Blase aus einem ätherischen Nadelöhr oder aus einer Pore, wie in den Veden geschrieben steht, heraus entstanden ist. Die Wissenschaftler sollten sich dann erinnern, dass Barden und Seher es schon immer gewusst haben. Forschung sollte immer nach ethischen Spielregeln betrieben werden. Es macht keinen Sinn, einen Kometen, wie jüngst, im Weltraum mit einer Sonde zu beschießen, die 335 Millionen Dollar gekostet hat, während täglich über 100000 Menschen auf der Erde verhungern. Auch die Genforschung kostet die Bürger eines Landes große Mengen Geld und ist verplemperte Energie, weil sie darauf zielt, das irdische Leben zu verlängern und den physischen Körper zu erhalten. Dabei hätte Gott uns einen viel besseren Körper anzubieten, wenn wir nicht so viel Angst vor dem Tod hätten und wenn wir aufrichtigen Herzens und mit angefüllter Seele guten Karmas vor ihn träten.

Bei allem Forschungsdrang sollten wir immer das Höchste und Beste, was uns Gott geschenkt hat, im Auge behalten. Das ist Liebe und Mitgefühl unserem Nächsten, Gott und der Schöpfung gegenüber. Denken wir möglichst uneigennützig und zeigen wir ethische Verantwortung, werden wir uns gutes Karma schon in diesem Leben schaffen. Das Ziel, den irdischen Daseinskreislauf zu durchbrechen, kann man bei einem hohen Maß an gutem Karma auch ohne die Erleuchtung im Diesseits erreichen, wenn man weiß, wie man sich in den entscheidenden Momenten des Lebens und des Todes zu verhalten hat. Darüber habe ich in diesem Buch geschrieben. Glücklich sei der, der es zu lesen und zu schätzen weiß.

Licht und Liebe allen Wesen!

Bild-Anhang

Heiße Quelle von Jhinu

Stilisierter Lingam an einem hinduistischen Tempel mit den Symbolen Sonne und Mond

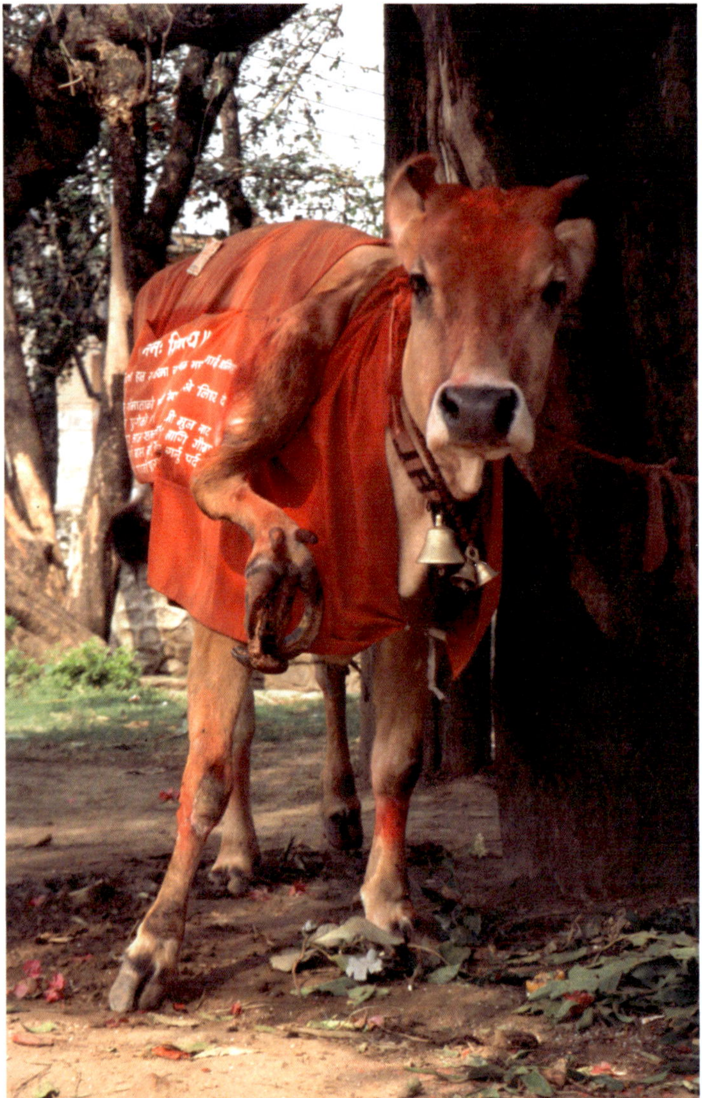

Als heilig verehrte Missgeburt an einem hinduistischen Tempel in Pokhara

Leichenverbrennungsplatz im Tempelbezirk von Pashupati Kathmandu, der Leichenbrand wird dem Fluss übergeben

Buddha mit Schutzgottheiten an einem buddhistischen Tempel in Pokhara

Kalachakra Mandala

Kobratempel Dharamsala

Tse Chok Ling Kloster Dharamsala

Bhagsu Wasserfall

Zum Szenecafé Khana Nirvana

Straßenkinder bei der Aufführung eines alten Mysterienspiels

Parvati mit Skanda 6. Jh. n. Chr. Guptastil

Mythenvogel Garuda,
Nationalmuseum Neu-Dheli

Phragment von Torana Satavahama, 1. Jh. v. Chr.,
Nationalmuseum Neu-Dheli – Vogelstier auf einer Spirale

Vogelkopf an einer Sarangi